# 赋能孩子

段金希 / 著

漓江出版社
· 桂林 ·

**图书在版编目（CIP）数据**

赋能孩子 / 段金希著. -- 桂林：漓江出版社,
2023.2
ISBN 978-7-5407-9318-0

Ⅰ. ①赋… Ⅱ. ①段… Ⅲ. ①家庭教育 Ⅳ. ①G78

中国版本图书馆CIP数据核字(2022)第190845号

赋能孩子
FUNENG HAIZI

作　　者　段金希

出 版 人　刘迪才
策划编辑　杨　静
责任编辑　林培秋
装帧设计　红杉林文化
责任监印　黄菲菲

出版发行　漓江出版社有限公司
社　　址　广西桂林市南环路22号
邮　　编　541002
发行电话　010-65699511　0773-2583322
传　　真　010-85891290　0773-2582200
邮购热线　0773-2582200
网　　址　www.lijiangbooks.com
微信公众号　lijiangpress

印　　制　香河县闻泰印刷包装有限公司
开　　本　880 mm × 1230 mm　1/32
印　　张　9.25
字　　数　185千字
版　　次　2023年2月第1版
印　　次　2023年2月第1次印刷
书　　号　ISBN 978-7-5407-9318-0
定　　价　62.00元

# 目录

Contents

# 推荐序 1
# 教育目标的决策力

教育意味着改变。

家庭教育越来越受重视，意味着家长群体也正在发生改变。近年来，不论在哪里，“教育”的话题热度都很高。关于教育的争议越大，就说明家长对教育的目标和方法的认知差异越大。从积极的角度来看，越来越多家长认可了培养面向未来人才的重要性，同时，也更愿意在培养教育好下一代上花功夫。相信家长的付出，能够让孩子成长得更好，在未来更有竞争力。

具备了肯花功夫的前提，那么功夫花在哪里就将是突破口。《赋能孩子》的作者段金希告诉我，网络上我谈体育的视频转发量非常大。她说，家长们认同我的观点，是因为我的观点引发了家长们对下一代在人格培养方面的共鸣。其实，我不仅重视体育，还非常重视科技、艺术、人文等方面。因为不同的孩子，差异是巨大的，学校教育应尽可能多地为孩子们提供不同的成长机会，让孩子们既能全面发展，又能学有所长。而家庭则更应该成为因材施教，为孩子赋能的最优平台。

学校的育人目标和家庭教育的目标其实是一致的。苏联著名教育家苏霍姆林斯基曾经指出：没有家庭教育的学校教育和没有学校教育的家庭教育都不可能完成培养人这一极其细致、复杂的任务，也就是说，教师和父母都是无可替代的孩子的教育者。

因此，我想向大家推荐段金希所著的《赋能孩子》这本书。

首先，本书的作者不仅是一位家长，更是一位家校共育的实践者。在字里行间，我能看到她的关注点始终落在"人"上，而不是"分数"上。其次，她是一位有媒体视角的教育探究者，不断深入世界各地探究教育的本质，这种精神可嘉；她对培养未来人才的观点十分有洞见，值得探讨。最后，她还是一位管理者，参透了职场人必读书《赋能》的精髓。希望每位忙于工作的家长读完这本书，都能够具备为孩子赋能的能力，培养出拥有独立人格、有能力幸福生活的下一代。

让我们具体来聊一聊，面对未来的人才应该具备什么能力？

**第一，创造力。**

在多次演讲中，我都谈过创造力的培养是很重要的一个教育目标。

尤其是对于今天的孩子而言，他们面对的环境多元、丰富，充满挑战，科技智能持续带来新鲜感；而在未来，也只有创造力强的孩子，才能带给人类更多意想不到的惊喜，并且有可能改变世界。

当然，培养创造力不是一件容易的事。这些年，我一直在推行 STEM 教育理念，希望带给孩子们多维度的探索视野。STEM 虽然代表的是科学、技术、工程和数学，但其目标并不是为了让孩子们学好这几门学科，考出高分，而是帮助孩子搭建跨学科、跨领域的思维结构，让孩子具备基于问题寻找解决方案的能力。

值得一提的是，作者将多年的编辑创新体验融入对孩子创造力的挖掘上，从而提炼出了适合家庭教育的养育方法。比如让孩子有机会发言，采纳孩子的建议，允许孩子试错，在家中建个小实验室满足孩子的异想天开，等等。尤其是低龄孩子，他们正处于创造力发展的最佳时期。所以，家长们在忙着帮孩子打知识基础的时候，也应多花一点精力在打开孩子的想象力和创造力上，既要注重激发，又要注重保护，绝不能禁锢孩子的思维发展。

**第二，内驱力。**

评判一个孩子有没有内驱力，实际上与评价体系有关，什么样的体系激发什么样的内驱力。十几年前，清华附中就开始探索评价体系的实践。教育者的评价就像指挥棒一样，我希望通过评价体系的变革，推动教育回到本质。

不让分数成为唯一的评价标准，那还能用什么来评价呢？我们更认同的评价标准是，孩子围绕着自己感兴趣的一件事，经过了什么样的思考，具体做了什么，付出了什么努力，获得了什么进步。相信大家都能够很明显地看出来，我们加强了过程性评价和发展性评价，目标是激发孩子的内驱力。

今天的教育是能力为王，而不是训练为王。比如，让孩子跑 3000 米不是为了到达终点，而是为了锻炼孩子的毅力。这漫长的过程，就像是孩子从出生到进入幼儿园，再进入小学、初中、高中的求学路，并不是猛抓就能把成绩提高上去的，只有当孩子学习的动力强了，学习的兴趣浓了，内心不但知道知识是有用的，更能从学习中感受到乐趣，他才有可能拿一个好成绩。

只要我们共同努力，围绕着孩子的重要能力进行培养，相信孩子就一定会成为独立的、让家长敢于放手的人。

很值得推崇的是，作者段金希在家庭教育的思考中，特意提到了外在的评价体系要源于孩子的内在动力。今天的孩子，很多都是被从小夸到大的，他们学习和进步的动力大多来自外在的压力和奖励，这就导致孩子缺少发自内心的目标，也很难培养坚忍不拔的毅力。作者的观点冷静而犀利，关于奖励和评价的机制，到底应该如何建立，是好家长的一门必修课。与其焦虑地对孩子说“为什么你不能像别的孩子一样主动学习”，不如鼓励孩子，让他们成为自己的主人。

**第三，心理健康。**

保持心理健康是我希望孩子们花更多时间去参与体育运动的初衷，只有输得起的孩子，才有可能赢。

作者定义的审美，是对孩子从身体到头脑再到心灵的塑造，很精练，很有美感，也很有实践的意义。

孩子转瞬长大，但这一路挑战的是他们身体里迸发出的生命力、大脑的创造力，也是精神坚毅的动力。而提供这些动能最好的方法就是保持运动，在运动的过程中，孩子可以认识到自己的优势和不足，赢得起输得起，拿得起放得下。运动还给孩子失败感，练就内在的坚毅品格。

从我自身的经验来说，运动是大家都可以做到的，没有任何门槛，长期坚持就能实现厚积薄发。

关于教育目标的决策力，我希望家长能把它握在自己手中，并且不断提升这种决策能力。我们经历了迎接新生命的喜悦后，就要把这种喜悦落实到陪伴孩子成长的每一个细节当中。时间是公平的，只要把精力放在对孩子真正有启发、有推动的核心点上，就一定能培养出优秀的下一代。

培养孩子是教育者和家长共同的使命和责任，因为只有孩子才会推动未来时代的发展。愿家长开卷有益，赋予孩子真正的能力。

（王殿军）

2022 年 11 月 30 日

# 推荐序 2
# 你的能量足够大吗?

经常有父母跟我诉苦，说自己非常迷茫，不知道怎么培养孩子才是对的。在孩子学龄前阶段，不少父母就已经开始发愁，总是担心孩子输在起跑线上；等孩子上学了，父母又被卷入学业大战中。一边是不断增加的教育成本，一边是日益疯长的焦虑情绪。现在的父母，压力真的太大了，处境真的太难了，我非常理解。

大部分人都是第一次当父母，没有经验，在育儿过程中难免方向不清、重点不明，很容易受到外部环境的影响，被带偏。尤其这几年，信息爆炸，各种育儿理念应接不暇。面对过剩的信息，父母还得打起十二分的精神，先去甄别信息、判断真伪，到底哪些是智商税，哪些是真灼见，看看哪些才是真正适合自家孩子的。

针对目前教育中存在的痛点，青年作家段金希大胆地将职场中的“赋能”一词，率先引入孩子的教育之中，写出《赋能孩子》一书，明确提出用长远的思维来规划孩子的教育，赋能孩子，让孩子拥有面向未来的能力。

提起“赋能孩子”，我立刻想到2000多年前有西方孔子之称的苏格拉底提出的“教育的本质是唤醒”。苏格拉底说：“每个人身上都有太阳，主要是让他们如何发光。”

赋能孩子，就是要唤醒孩子心中的太阳，让他们发光发热，认识到自己生命的价值，认识到自己肩负的责任和使命，拥有一颗强大的内心，扛得住前进路上的风风雨雨。

我们要想一想：父母要赋能孩子，自己的能量足够大吗？父母要唤醒孩子，自己心中的太阳是否有足够力量发出光和热？身为父母，我们要给孩子什么，我们又能给孩子什么呢？

金希在这本《赋能孩子》的书中，明确地提出父母要赋能孩子，唤醒孩子心中的太阳，一定要站得高看得远。眼光决定未来。

未来是充满不确定性的，但作为父母，我们必须确定自己的方向。今天父母做的每一步，都决定了孩子能够成为怎样的人。但是，什么样的人，才是未来世界所渴求的呢？什么样的人，才不会被未来世界所淘汰呢？什么样的父母，才是孩子们需要的父母呢？

金希在书中围绕着创新、思考、学习这几个点展开，又提出了人生底色、认知、财商、审美等要点，在我看来，这几个关键词正好切中要害，都是当下教育的发力点。虽然我和她是两代人，但读这本书时我多次产生共鸣，感觉到从思想到内心都在不断地与她共振：在我的书中有金希的影子，在金希的书中亦有我的痕迹。这不是巧合，而是我们对祖国下一代教育在不同阶段、不同维度的共同努力。

你可能要问：父母的能量究竟来自哪里呢？仔细读金希的书，可以得出三条结论：

父母自身的能量，首先来自从每个人成长经历中营养的汲取。

家庭教育与其他教育不同的是，具有很强的实践性。金希是我的后辈同行，有着近二十年的编辑生涯，在亲子教育领域深耕多年，她接触的是国际上最前沿的教育理念。有意思的是，她的读者对象从单身到恋爱结婚，再到生儿育女成为父母，恰好经历了人生这条长河中最重要的几个生命节点。只有走过这段路，人才能真正成熟起来，理解生活的意义，感悟生命传承的价值。

父母自身的能量，还来自对教育实践的反思以及对未来的思考。

与其他教育者不同的是，金希同时还是一位媒体人。除了对教育的学习、反思和追问，她还具备敏锐的洞察力和细腻的感知力。她没有局限于个人的经验主义之中，也没有停留在如何鸡娃、如何培养小精英层面。她深入教育的本质，不偏颇、不盲从；她肯坐冷板凳花工夫，去探究“未来什么样的人”才能对世界文明、社会发展有推动作用。没有反思，我们就不能从爱的误区中走出来；没有思考，我们就不明白我们今天养育孩子是为了什么？

父母自身的能量，最重要的是来自父母的学习精神。

时代在飞速变化，孩子在变化，父母如果不能够及时更新自己的教育观念，就跟不上孩子成长的步伐。

金希的学习精神是难能可贵的。她与时俱进，不断地学习国际国内先进的教育理念，不断地研究现实中发生的问题。她针对当下国家倡导的教育新政策，给予了父母积极、创见性的家教解决方案。

她清楚地认识到，在家庭教育领域里，单打独斗的时代已经过去了，在孩子成长的历程中，家庭、学校、社会形成合力至关重要。父母一定要与学校更好地合作，优化孩子成长的社会环境，任何对立的行为都不利于孩子的成长。只有家、校、社形成合力，共同来发力，才能真正赋能孩子。

另外，这本书实操性很强。金希在书中提出的很多切实可行的方法是可以借鉴的。最重要的是，我们要坚定自己的信念，把握自己的节奏，不被他人贩卖的焦虑影响到；打开格局，拓宽视野，提升认知，引导孩子发展……如此一来，我相信你们就是最受孩子欢迎的父母，也是真正能够赋能孩子的高质量父母。

父母眼中有光，才能发现孩子的高光时刻；父母自身能量强大，才能赋能给孩子，真正把孩子培养成国家财富。今天你所赋予孩子的能力，便是孩子一生最宝贵的财富。家庭教育是一个春风化雨的过程，需要我们每个人共同努力。愿每位父母看完此书，都能有所收获。

卢勤

2022 年 10 月 13 日

# 自 序

“赋能”不是一个新词。起码在今天的中国，互联网生态高速发展，独角兽公司层出不穷，“我们的生活同步在翻天覆地变革的时代下”。尤其近几年，“赋能”更是很多企业家的思考集成和管理工具，甚至在不少公司，实践着赋能团队的操作，目的就是帮助企业高效发展。

首先提出“赋能”概念的是麦克里斯特尔，美国陆军四星上将，他于 2003~2008 年担任美国驻伊拉克联合特种部队总司令。他写的《赋能》，原文名为 *Team of Teams*，一出版就登上了美国《纽约时报》畅销书榜，引发商界的热议。任正非号召全体华为员工学习此书，旨在打造强悍如美军的超级团队。

写到这儿，我突然意识到，这不就是 2020 年疫情期间还在忙碌奔波的那个职业女性我的节奏吗？但我同时还是一个 7

岁孩子的妈妈，是一个教育工作者！

在中国，很多年轻父母，尤其是职场父母，赋能是他们工作报告里的词，是和合作伙伴共赢的词，是带领团队打仗的词，也是我们这一代年轻职场人的必备能力。但是，转身面对家庭，面对我们的孩子，身为父母，我们能给孩子什么呢？

## 国际大变局中，为什么提出要做赋能型父母？

2020 年春节，疫情突袭，春节后我从新加坡回到疫情凶猛的北京。那个时候，我活在 KPI（绩效指标）里，活在创造更高的商业价值中，活在想尽办法去赋能团队之中。

但是，未来是充满不确定性的，这样的不确定性，除了麦克里斯特尔面对的残酷战场，我们的生活又何尝不是？疫情在世界各地此消彼长，没有人知道哪一天能结束。

“危机，就是转机。”当我在一个接一个的电话会议的间隙读到这一句话时，我知道是时候做些改变了。

居家隔离 21 天结束的那天，我站在楼下，扑面而来的是大地万物复苏。

风、草、花、芽震撼了我！我知道，新生的力量，无论是病毒、疫情，还是其他什么都拦不住的！

那一天，我做了一个决定，我要把自己最重要的智力、精力与体力，去赋能正在抽枝发芽、无畏地生长的孩子。

赋能最早是一个心理学词语，旨在通过言行、态度、环境的改变给予他人正能量，后来被广泛用于商业、管理、公司组织等方面。以下五个基本步骤，可以帮我们直观理解赋能的含义：方向赋能、目标赋能、成长赋能、绩效赋能、观念赋能。

每个职场人都有另一面，那就是家庭属性。尤其当孩子从家庭环境过渡到社会环境时，我们身为家长，不仅是家庭教育的第一责任人、孩子人生的第一投资人，更是第一赋能者。

赋能孩子不同时期的能力提升，直至他们羽翼丰盈，独立走远，家长方能轻松信任地放手。赋能孩子的初心，是希望他们成为一代拥有完整人格、拥有爱和自由的人。

## 为什么要赋能孩子？

为什么要赋能孩子？

谁来赋能孩子呢？

赋能孩子什么呢？

赋能孩子的价值和意义是什么呢？

这一系列的问题，是和我们家长自身、教育模式、人才目标、未来的世界都息息相关的。

在我投身媒体行业的2001~2020年间，我从事过女性媒体和母婴媒体方面。媒体研究人群始终围绕着女性和家庭展开，从女性的个人成长到女性成为母亲、成为家庭核心的变化，我切实体会着中国女性身心灵的变化层次。

2013年，36岁的我也终于成为一名母亲。同时，我转型进入母婴行业，2016~2020年担任《父母世界》（美国*Parents*中国版）主编的这几年中，我们经历了：奶粉尿布玩具绘本在电商大促时数据的不断飙升；人口增长放缓，中国二孩开放；全职妈妈兴起，倡导科学育儿；家长年龄段以及教育方式的更迭；教育资金的不断高涨，海淀西城顺义妈妈大比拼，上名校的教育目标升级……在这股养育孩子的巨变风潮中，除了2021年不断在社会中呈现出来的大家对“教育内卷”的热议、裹挟、声讨、抵抗，以及“双减”政策的调整，家长成了最焦灼的一批人。

家长们在“焦虑”中逐渐迷失，逐渐听不清自己内心的声音，渐渐忘却了“我们要做什么样的家长”“我们能培养什么样的下一代”。

对我们这一代父母，我认为吴军老师在《见识》一书中的形容切中要害，我们这一代父母和上一代父母的根本差异是，在观念上从农耕文明的思维方式向现代商业文化的思维方式改变。中国从 1978 年改革开放开始，仅仅用了 30 多年的时间就走完了西方国家 200 多年的工业化道路。

技术可以加速，财富积攒时间可以缩短，但观念更新很难在一代人的时间里实现。

我们刚好是处于这样一个变革时期的家长，我们应该更加有意识地提高自己的认识。尤其是我们这一代人，共同经历了全球疫情，未来的变化愈发难以预测，但社会的发展、科技的进步不会停下脚步，人类认知水平的不断提升，对未来这一代人的要求会更高。

生儿育女和管理公司在很大程度上是相似的。我们要培养的孩子，面临的是不确定性的未来——AI 智能化产品和技术的普及，无人驾驶技术的普及，未来职业的重构，科技发展与人的心灵情感的复杂碰撞。想到这些，更会深感：我们的孩子面对的将是更为复杂、充满挑战的新环境，而家长应该勇于成为他们的第一赋能者，真正支持他们；同时，父母的观念、思考、成熟度，就自然而然成了孩子的重要起点。

## 赋能下一代的价值和意义不言而喻

我们要培养什么样的孩子呢？

我采访过身边很多的家长，他们有的身居一线城市教育高地，有的身居地方城市，大家的答案五花八门。

有人说，只希望孩子比我幸福。

有人说，只要健康，未来啥样都行。

有人说，必须是清北，最次也得是985和211。

有人说，我儿子的梦想就是哈佛，这也是我们全家努力的目标。

我的答案是：要培养面对未来的人才！这个问题也是我成为母亲后，每年都会在孩子生日那天反复问自己的，7年来我的答案不曾改变。

我，我们这个时代的家长，说到底要培养的是面对未来的孩子。

在未来5年、10年、15年、20年后，当我们的孩子风华正茂步入人生快车道时，他们需要独立面对未来的不确定，面对科技突破想象的发展，面对未来人生的复杂与苦难，以及面对世界格局的变化。他们不会永远是孩子，他们势必会成为推动社会发展和进步的贡献者！

## 家长该赋能孩子什么呢？

这是一个需要系统化地回答的问题。

因为，人生来就是独特的，又是奇妙的、复杂的。

从胎儿至婴儿、幼儿、儿童，再至成人，成为完全具有民事行为能力的人，一代人的养成需要非常综合的解决方案，涉及家庭、学校、社会、环境等。

在通往人才之路上，我给家长的建议有两个：

**第一，要以终为始，也要以始为终。**

以终为始（Begin with the end in mind），这是史蒂芬·柯维在《高效能人士的七个习惯》中提到的第二个习惯。其精髓是，个人、家庭、团队和组织在做任何计划时，均应先拟出愿景和目标，并据此塑造未来。完成所有事物都要经过两次创造，先是在脑海里酝酿，其次才是实质的创造。

这一点，我认为在教育中更适用。这里就涉及如何帮孩子设立一个远景，同时在行动中，如何帮孩子真实去搭一座通往远景的桥。

而以始为终，孩子为何而学，我认为应该是对下一代的“初心”，同时，也是缓解教育焦虑的症结。

**第二，深度解读每年的人才报告，看未来人才的趋势。**

我们身为家长，应该从根本上弄清人生真正的大考是什么。我从沈祖芸老师的报告中摘取了世界各国都在探索的以人为本的核心素养培育的部分，供大家参考。

首先来看看最早启动目标重塑的美国。

就在21世纪之初，美国教育部联合了微软、IBM等数十家大公司组成战略委员会，在研究了整整五年后，终于在2007年推出了《21世纪技能框架》。此框架首次提出了三大核心素养，也就是学习与创新素养、信息媒介与技术素养、生活与职业素养，这些素养主要通过学科学习和跨学科的主题学习来培养。

新加坡启动得也比较早，他们在对美国的三大核心素养进行了深入研究后，于2010年提出了新加坡学生的21世纪技能，一是交流、合作与信息技能，二是公民素养、全球意识和跨文化交流技能，三是批判性、创新性思维。

新加坡给“培养什么样的未来人才”画了像，就是充满自信、主动学习、积极奉献以及心系祖国的公民。

芬兰于2016年发布了《学习的未来2030》，报告中提出了七大核心素养的教育目标，包括学会如何学习的素养，社会交往与自我表达的素养，自我管理和日常生活的素养等。

2017年，中共中央办公厅、国务院办公厅印发的《关于深化教育体制机制改革的意见》提出了四大关键能力：认知能力、合作能力、创新能力和职业能力。

就个人而言，我非常关注Google人才报告，看人才的趋势变化。

英国《经济学人》预测，未来社会最需要的三大核心能力是：终身学习能力、社会交往能力和一个人必须拥有的好奇心。

而2018年，达沃斯世界经济论坛发布的未来五年的人才趋势报告显示，从2018到2022年，排位第一的是分析性思维与创新，第二是解决复杂问题和主动学习与学习策略，第三是批判性思维和创造力、独创性、主动性。

2017年12月12日，经济合作与发展组织（Organization for Economic Cooperation and Development）在美国哈佛大学正式发布《PISA全球胜任力框架》，对全球胜任力给出官方定义：全球胜任力是指对地区、全球和跨文化议题的分析能力，与不同文化背景的人进行开放、得体和有效互动的能力，以及为集体福祉和可持续发展采取行动的能力。

当我们明确理解了人才的核心素养，其实就非常清楚如何培养孩子了，家长更应该了解在不同的阶段，去赋能什么。

我的总结是八大方面，主要针对0~10岁的生命早期，这个阶段也是很多家长着力的关键期，生命对每个人只有一次，非常珍贵，在这个阶段，家长的作用极为重要。

八大赋能关键词：

第一，人生底色赋能；

第二，思考赋能；

第三，创造力赋能；

第四，学习赋能；

第五，认知赋能；

第六，内驱力赋能；

第七，审美赋能；

第八，财商赋能。

上述每一个方面，都会包括具体的方法论以及操作手册，它们在我们养育孩子的过程中能起到怎样的作用，以及它们在百年树人这件大事上的具体帮助。

教育因人而异，因家庭而异，尤其是有一定经验的家长，会有很清晰的认知。就像没有完美的人一样，也没有完美的学校和教育模式。正因为懂得这些差异，更应愈早理解世界，理解未来，赋能孩子，让他们勇敢面对未知。

说到底，人生是一段一段的旅程，我特别喜欢《园丁与木匠》里的一句话——爱孩子并不是给他们一个目的地，而是为他们的旅程提供给养。

金希在中国北京与有幸翻开这本书的家长们共勉。

Chapter

# 1

# 人生底色赋能

## 五感初启蒙，激发生命感受力

“人生底色”被大众广泛地提及，始于马东在一次采访里对自我的评价。他说，他的人生底色是悲凉的。

很多人亦有同感，成年人之间的共鸣是基于时代背景下，对自己人生的总结、感悟，或者是遗憾等诸多情感。

人生底色到底是什么呢？

不论是心理学的剖析，还是社会学的解读，或是成年人自我总结的答案，都比较显而易见地直指：早期记忆影响着一个人的人生底色，同时推及性格、命运等。再具象一些的说法有：人最早的记忆中所发生的事情，那个场景带给你的感受，会随着人的成长，扩散到人的生活、学习、职场、感情等，进而影响人的选择能力，以及获得幸福的能力。

那么，人生底色是否有更积极的意义呢？关注这个问题的人，更多的是我们这些家长，因为我们肩负着养育下一代的责任。我们热情高涨、全力以赴地去迎接一个新生命的到来，那么该如何给孩子一个色彩饱满的人生底色呢？

儿童早期培养，并不是我们这一代人才开始面临的重要课题，但的确是近十几年来，尤其是到了我们这一代父母，对其才更有认知，更愿意投入时间和精力，更愿意为之花费人力和财力。特别是在今天，“鸡娃”到了白热化，教育难度从小升初波及幼升小，甚至是内卷到“赢在子宫里”这样的抢夺战中……每到这个时候我就在想，家长的热情没有错，但哪个才是值得家长全力以赴奔向的正确方向呢？怎么做才算是“有效果的赢”呢？

这一章中，我想首先讨论生命早期1000天，即自孕期至孩子2岁这一段时间。

儿童心理学课程推荐的必读书目《卡尔·威特的教育》中，卡尔的父亲是从训练卡尔的五官开始教育的。他甚至说，如果不在婴儿时期对孩子的能力进行利用开发，那么这些能力就永远无法得到发展。因此，他决定从训练儿子的五官开始，来刺激大脑发育。

听觉、视觉、味觉、嗅觉和触觉是人类感知外部世界的生理基础。充分刺激孩子的感觉器官，能够促进大脑的各部分积极活动。我相信，如果大脑的各个区域都发挥出最大的效能，孩子就会成为一个聪明伶俐的人。

01

## 感知觉之上，养育的本质是“人”的培养

在妈妈的肚子里待了将近十个月后，新生儿初来乍到。从婴儿期，到幼儿期、学龄前期、学龄期、青春期，直至 18 岁成人，这个过程漫长又短暂。从来到人世间到开始经历人间事，每一阶段都是成长的里程碑，每一阶段都意义非凡。

在养育孩子的过程中，科普文章和方法论随处可见。关于孩子的成长指标、用药指南、喂养攻略，即使你足不出户，也会有妈妈群里的热心人分享“过来人”的经验，手把手地教你该怎么做。

这些够了吗？答案是，根本不够。

首先，我们来聊一聊新生儿。

除了早产儿等特殊情况，绝大多数新生儿都是一样的白纸。

新生儿的脑重通常在 370 克左右，约占出生体重的八分之一；如果和成人相比的话，大概是成人脑重的 25％，但是新生儿大脑神经细胞的数量已经基本相当于成人的。

而在他们 6 个月大的时候，脑重达到 700 多克，约占成人

脑重的 50%；3 岁的时候，脑重达到 1100 多克，约占成人脑重的 75%；4~6 岁的时候，脑重达 1300 多克，约占成人脑重的 90%。

为什么我要先和大家提及脑重比的基础知识呢？其实这是家长养育孩子的第一个重要认知。在儿童成长的过程中，脑重的发展靠的是反复而丰富的刺激。这其中最核心的就是五感，即触觉、听觉、视觉、味觉、嗅觉。这些感知觉的发展直接影响一个人的生命感受力。

反复、丰富，并且适宜的刺激，这是我在构建梳理这一章内容过程中，采访北京新世纪妇儿医院的儿童保健科段建华主任时，她反复强调的关键。

段建华主任用了一个形象的比喻，我回家后反复思考了很久，也没能想出一个能够超越这个比喻的说法。所以，我索性采用转述的方法，希望能够一次性讲解清楚。

脑重约占出生体重八分之一的新生儿，就像一个即将落成的小镇——地理位置选定了，居住的房子也建起来了，下一步就是铺路、建桥等，逐渐完善小镇的功能，进而发展壮大小镇的规模。一线临床医生总是会用简洁形象的比喻来点醒前来的家长，良苦用心不言而喻。

这情景让我想到电视剧《山海情》，一部讲述西海固人民将

“干沙滩”变成“金沙滩”的脱贫攻坚剧。其中有很多镜头让人印象深刻，比如村民们想方设法在一望无际的贫瘠土地上建造家园，修电网、引水渠、种良田，唤醒土地的生命力。在这个过程中，村民和干部通过辛勤劳动和不懈努力，最终建成了美丽的新家园。

插入这个故事，是想说，任何新建的过程都是相似的。

孩子的大脑要经历体积的变大、突触的增多、细胞的分化、神经系统的髓鞘化等一系列的过程，这个过程是非常系统而有节奏的。小宝宝城堡的搭建系统一步一步地发展，首要的是家长的意识，帮助孩子进行反复而丰富的训练，协助孩子完成从 0 到 1 的成长。

什么是反复、丰富，并且适宜的刺激呢？

段建华主任说，对孩子大脑的刺激是要持续不断的，不能说天气好就出去玩玩，天气不好就算了，而是要让孩子适应不同的环境。反复就是坚持不懈，做就对了；而丰富是形式上的——接下来我会从五感上详细去说，如何丰富形式，刺激孩子的大脑；适宜是反复和丰富的平衡点，家长一定要加以重视，避免为了丰富而忽略反复，为了反复而忽略丰富。

02

## 触觉是婴儿最初发展的感觉之一

触觉是婴儿最初发展的感觉之一，因此我想安排在首位来讲。

婴儿出生后，视觉还没有完全形成，这个时候他们是靠声音和触觉来感知新世界的。我非常清楚地记得，2013 年我女儿出生时，刚做完剖宫产手术的我，从手术室被推到病房。护士说快来抱抱你的孩子，然后就把孩子放在了我的胸前。那个时刻，麻药效力还没有退去，半睡半醒间，头脑还不是完全清晰，但我很明确地感受到一个小肉球趴在我的乳房前，她像是装了雷达一样找到了乳头，然后开始了很有力的吮吸。

当时我没敢挪动她，只是轻触了几下她的皮肤。我感觉到她趴在我胸前好舒服的样子，就像一只小猫窝在那里，在一个温暖的地方不哭不闹。

因为剖宫产，我在医院住了三天。第一晚她就躺在我床边的小床上，先生外出买东西了，房间里就我们俩。我半坐起来，轻轻地摸她的额头，摸她的脸颊，摸她的小手、小脚，还有后背。我反复地轻触她，我看到她的眉头渐渐舒展开来，小小的嘴角也是越来越放松。后来，我在她的耳边说:“我是你的妈妈，妈妈爱你，从今天开始妈妈每天都会和你说，妈妈爱你！”很神奇的是，孩子出生的第一天，完全没有传说中的混乱和哭闹；我们在一起的第一天，就像已经在一起生活过很久似的，完全没有陌生和不适应。

这种熟悉亲切的感觉，就来自触觉。

为什么说触觉是伟大的呢？用成年人的视角来观察新生命，你一定会为触觉的伟大而感动。

很多人一定有过类似的经历，当成年人遇到心理问题时，专家提供的万能解药之一就是 touch，比如“抚摸”“拥抱”。在和先生恋爱期间，我是个脾气火暴的小公主。每当我闹脾气的时候，先生都会适时地摸摸我的后背、按按我的肩膀。说实话，他的行为充满智慧，再大的脾气都会被瞬间抚慰。

其原理很简单，就是通过皮肤的触觉，传递温暖和能量，让对方感受到自己被关心、被爱着，本质上就是能量的直接输送。

在父辈的时代，很多孩子羞于和父母有肢体接触，满腔的感情无处释放。有人意识到这个问题后，将“抱抱父母”作为课题来攻坚。只是这道坎太深了，阻碍了人们的幸福感受力，进而影响着他们的情感和事业等。

于是很多人不禁要问，为什么我们就不能拥有自然而然的触觉体验？

其实除了时代的惯性和痕迹，更多的是缺乏对触觉的认知。

## 家长应该如何激发触觉的价值？

触觉是指皮肤的触觉感受器接触机械刺激所产生的感觉。皮肤的表面散布着触点，触点的大小不尽相同，分布不规则。一般情况下，指腹和舌尖的触点最多，其次是头部，背部和小腿较少，所以指腹的触觉最灵敏，而背部和小腿的触觉则比较迟钝。若用纤细的毛轻触皮肤表面，只有触及某些特殊的点，才能引起触觉。

在国内，研究五感的专家并不多，可以参考的书也比较少。当家长被焦虑裹挟着时，如果可以把能力范围内应该做好的事做好，就能够事半功倍，同时还能够获得真正意义上的长期复利的效果。（这也是我所提倡的养娃是战略投资的最重要的一步。）

触觉是婴儿最初发展的感觉之一，婴儿皮肤的触觉非常丰富。新生儿的皮肤特别薄，因此皮下的神经丛相对敏感，不论是穿的衣服，还是清洗的水，我都提倡源于自然的最好。

除了最好穿着不经过化工染色的棉质衣服外，让婴儿的皮肤接触干净的空气也非常重要。对人来说，除了肺，皮肤也会参与到呼吸中来。自然的空气蕴含大量的自然气息，这些气息就是激发婴儿触觉与成长的营养。

我记得女儿刚出生时有黄疸，在医院照了 48 小时蓝光出院后，大夫给的建议是适当地给小宝宝戴上眼罩放在阳光下晒一晒。我疑惑，这样就会好了？

9 月清晨的阳光清新温暖，穿透光影落在孩子光洁的皮肤上，特别圣洁。真的，没过几天孩子便痊愈了，就像经过了光合作用一样，从“小黄人”出落成了粉嫩嫩肉嘟嘟的小宝宝。这让我想起曾经看过书中一段形容新生儿晒太阳的美好又形象的描写——让一抹阳光照在她的皮肤上，就会唤起婴儿生命的美好；让柔风轻抚她的脸庞，或者将小脚丫浸在自然流动的溪水里，神奇的自然信息就会在婴儿体内形成。

带着这样的好奇和疑问，我采访了儿科专家，进而也学习了儿童的感官作用和发展需求。

婴儿最先成熟的是触觉，也是感知觉的基础，这是最需要发展，也是最容易被父母忽视的功能。皮肤触觉在大脑里是弥散存在的，并没有特定的区域，它的主要作用是激活脑细胞，唤醒生命意识；成年后这些细胞会转为信息处理、综合、分析的功能，直接与人的意识结构有关。

而家长们可以通过抚触来刺激婴儿皮肤感知觉的发展，同时，也能带动大脑功能、智力、情绪的发展。这也是为什么我和女儿度过的第一晚就像久别重逢一样，她在我的抚触中，感受到的是友好和温暖。

## 在生活的半径中把触觉无限展开

触觉发展是婴儿感知觉发展中最重要的一环，它的发展可以从生命最初延续很长时间。而在婴儿时期，孩子的手总是裸露在空气中，接触自然的信息刺激最多，皮下神经感受器也多。对婴儿来说，皮肤感知觉越成熟，大脑处理信息的能力就越完善，听觉、视觉的成长也会明显加快。所以说，手是人最敏感的部位之一，我们需要多多注意手的运用，进而促进孩子的发展。

在我女儿的成长过程中，我应该算是把触觉运用得非常广泛了。

孩子刚出生没多久，我们就选择带孩子去旅行，目的地由近及远，从家的周边开始走起，从国内——北京、天津、上海、山西、四川、云南、吉林（长白山）、海南、香港、台湾、澳门，再到国外——新加坡、加拿大、土耳其等地。从山到海，从雪到雨，在抱着、推着、拉手、走路、跑着的成长中，孩子体验着四季的更迭，体验着风霜雨雪。可以说，我们力求让孩子在真实的场景中看世界，接触世界，体验世界，从而形成自己的思维体系。

具体怎么做呢？

其实非常简单，操作性也极强。在不同的年龄段，家长能和孩子融合的也不一样。因此，可以在孩子不同的敏感期内，对真实环境加以利用。

| | |
|---|---|
| 感官发展敏感期 | 0~5 岁 |
| 语言发展敏感期 | 出生后 3 个月 ~5 岁<br>其中 1.5~3 岁是儿童口头语言发展高峰期<br>而 5 岁左右是儿童书面语言教育的最佳时期 |
| 秩序感发展敏感期 | 1~3 岁 |
| 肢体协调发展敏感期 | 1~4 岁 |
| 群体发展敏感期 | 2.5~5 岁 |

**儿童发展敏感期参照表**

从这个参照表里可以看到孩子在 5 岁前的一些发展敏感期，在真实的场景中，便可以依据敏感期来适时深入了。

我女儿是从 7 个月开始大面积地触摸世界的。我记得她第一次说“花，花”，是在花丛中，边摸着花瓣边吐字，那一次让我挺感动的。并不是说在家里学习效果就不好，而是说在大自然中的学习，给孩子的感受会完全不同。之后，我们带孩子走了很多地方，孩子在天地间摸爬滚打着认识世界。最近的一次，我们带孩子在水上乐园玩。玩到下午突降大雨，很多家长都把孩子喊走避雨，但是我女儿还是玩得很疯——她一遍一遍地在雨中拉着绳梯往上爬，一次一次地滑倒，一次一次地再爬。我看到工作人员几次将手伸过来想帮她，她都没有拉对方，还是坚持着自己手脚并用地爬上去，再滑下来。女儿浑身都湿透了，简直分不清是雨水还是玩乐设施喷的水。此时站在远远地方的我，可以感受到孩子正在经历那种难得的心流时刻。

### 日常家庭的抚触法

清晨唤醒时：

家长可以抚触孩子，从后背开始，再到双手、双腿，动作先轻柔再稍用力，逐渐唤醒孩子。这种方法孩子特别喜欢，再加上一些童谣，孩子会立即翻身坐起，而且每次醒来都会露出美美的微笑。

孩子哭闹时：

当孩子哭闹、情绪不好时，家长不要觉得束手无策，也不要觉得遇到了小霸王。可以试着将孩子抱起来，贴在自己的胸前，双手摸摸孩子的后背，同时跟孩子一起深呼吸，就像做游戏一样。通常几个回合下来，孩子就安静下来了。

日常抚触时：

每天洗澡后，家长要耐心给孩子做全身的舒缓按摩，同时，可以配合一些抚触油，用触感最敏锐的手指指腹来按摩，从上到下，这样通常会让孩子感觉舒适又满足。

03

## 用身心在听的奇妙听觉

关于听觉我看到过一个有趣的解读，美国儿童研究科学家说，6 个月的婴儿能够听到虫子爬动的声音。在成人的思维中，这简直不可思议，毕竟不管是在我们的记忆中，还是在现实生活中，都没有这回事。尤其现代人出门耳朵都爱塞两个耳机，沉浸在自己的小世界里，还有一些发烧友甚至会选择抗噪包耳的专业耳机，更是两耳不闻窗外事，没有谁能干扰他的世界。

说得残酷一点，成人的耳朵已经没有那种敏感度了，耳机里声音会越放越大，仿佛只有压得住外界，才能找到一些自己。

事实上，儿童听觉的发展虽然比触觉的要晚一些，但是由于神经末梢缺少髓鞘包裹，听觉反应反而非常敏感。婴儿在 3 个月前尚不能准确定位与识别声音，他的听是一种弥散的反应，会因为声音大了受惊吓。3 个月到半岁之前，婴儿的听力开始突飞猛进。这个时候，给孩子听什么就看父母的选择了。

2019 年年初，我前往德国采访森林幼儿园。为什么跑那么远去采访一家幼儿园呢？这是因为早在一年前，我就看到过德

国 *Eltern* 杂志报道的《森林幼儿园》。这样一篇很短的小文章，让我一度陷入了思考——什么是森林幼儿园，它对孩子成长的作用是什么？

时隔一年多，我站在了德国东部耶拿郊区的一片空旷的森林里。零下 1 摄氏度的森林深处，我和园长 Daniela Kosmitzki 边聊边裹紧大衣。空旷的环境下，冷风更具穿透力。幼儿园的老师带着二十几个孩子，先是围坐在一棵倒下的树旁边读诗、唱歌，然后开始玩数人头的游戏，这一早上数学、语言就都学习过了。课后，孩子们三五个聚在一起，拿出自己背来的餐食席地而坐吃东西；饭后再一起玩搭建房子的游戏，或者在枝杈之间爬来爬去，或者直接躺在地上望着高耸入云的树和天……这些画面很具冲击力。我和园长聊了非常多，我问道孩子为什么要在森林里成长。Daniela 说，他们花了很多时间让孩子感受自然，最重要的一件事就是躺在地上，闭上眼睛去听，不同的季节听不同的声音。

孩子们到底在听什么呢？

Daniela 说，他们能分辨出不同的鸟叫，他们可以去听小动物的声音，去听叶子飘落的声音，还可以去听自己的心跳声。

著名的心理学家李子勋老师曾说，儿童听声音是身心在听，成人听声音是耳朵在听。

从专业角度来说，听觉之所以奇妙，最重要的一个原因就在于有选择性。作为家长，我相信大家都曾亲身感受过，孩子最擅长从众多的声音中听出妈妈的声音。有些声音他也许听不到，但是妈妈的声音他会率先听到，因为妈妈的声音总是伴随着最佳的感受力。

这让我想起来，在我 36 岁成为妈妈的时候，我的脾气性格变化很大。但是直觉告诉我，要温柔而坚定地做妈妈。可能是因为本能的母性被激发，随后，每当面对孩子，我都会以温柔的眼神、笑容、语调来和女儿交流。随着她一天天长大，不论是唱歌谣，还是讲故事，我都坚持自己做，从来不用音频产品来替代我的声音。我认为，妈妈真实的声音，优于一切其他人工声音，声音和声音中的情感能够吸引孩子，让她能专注地听。

就像在德国森林幼儿园，那些孩子的声音记忆是一种感受记忆，而我们成年人更多的则是理解性记忆。

除了妈妈的声音，来自大自然的声音也都是非常好的，能够刺激孩子的听觉发展。最好的声音来源于大自然，最好的灵感也来源于大自然。

我记得有一次看到音乐人谭盾的采访，他说为了一首曲子，专门跑到海边、溪边等地去录大自然的声音，因为这样的声音是电脑编曲根本无法做出来的。

“而我们孩子对节奏的敏感，其实和她的心跳也是有关系的，所以呢，未曾被大自然的因素刺激过的孩子，从娘胎里出来耳朵就充斥着人类的音乐。城市的噪声是最可怕的，尤其是一些音质不好的劣质玩具里发出的声音，对孩子的敏感力是极具损害的。”李子勋老师在他对听觉的分析中这样写道，并且他一直建议，半岁以前尽可能避免让婴儿听太多人工合成的音乐，在听力发展阶段给婴儿留出巨大的空间来融入自然的声响。在孩子 2 岁以前尽可能地带孩子去大自然中感受复杂的声音，让孩子的听感细胞获得饱满的刺激。李子勋老师还说，有了之前的饱满刺激，孩子 3 岁以后系统地接受人工合成的音乐时，才不至于缺乏内心的创造性。

关于感官的养成，我经常和孩子玩一个游戏叫“听”，一起来分辨声音。这个游戏，我们会在院子里、在海边、在山上等不同的场景进行，我发现孩子总能描述出和我们想象中不一样的内容。我经常说女儿，小耳朵太尖了。她说：“我的耳朵有一个开关呀，我一直开着，你没听见是因为你的关机了。”

### 关于听觉

不要做的：

孕期的胎教，不建议准妈妈拿着电子产品贴在肚子上播放音频。

一方面，胎儿还没有形成听力，这么做没有任何意义；另一方面，妈妈的肚子里，也是一个自然的环境，最好不要人为地破坏这种宁静。

不要给孩子玩的：

在孩子听觉的发展期，尽量避免给孩子玩一些声光电玩具，避免听一些合成的声音；同时，我也非常不提倡过早给孩子听一些音频节目。有些家长，本意是好的，可能单纯觉得别人讲的比自己好，并不是懒，但却走了一条不够高明的路。毕竟面对面地讲，给孩子身临其境的声音效果，远比一个设备播出来的要生动得多。要知道，不同的声音对孩子的大脑发育刺激也是完全不同的。

04

## 视觉是孩子的心灵之窗

视觉相较于其他感知觉是最容易引起家长重视的。我听到很多妈妈说，听到医院说孩子近视时，自己完全无法接受。视力是儿童成长中的重要话题。

既然大家都很重视，那么应该如何对视觉发育的规律进行有的放矢的刺激、储备呢？

我梳理了一个专业级儿童视觉发育过程的简易版，方便家长看到重点。

0~1 个月，婴儿的视觉神经相当于成人的三十分之一，只能看到模糊的影像。这个时候建议家长要多和宝宝对视，最佳距离在 20 厘米左右，要让孩子较近距离地感受到妈妈爸爸的样子。这样的刺激越多，就越可以让宝宝的大脑建立更多的突触。新生儿喜欢注视复杂的形状曲线和鲜明的对比，比如靶心图和棋盘图等。

1~2 个月，婴儿视网膜上的视锥细胞能够分辨色彩了，但还不能够真正识别各种颜色，视觉对比敏感度较弱，喜欢鲜艳的色彩和强烈的黑白对比。这个时候建议让宝宝看黑白对比鲜明的或色彩鲜明的图案和玩具，有助于促进宝宝的视觉发育。

3~4 个月，宝宝的眼睛运动得更加自如了，视野范围可达到 180 度，已经能够比较顺利地捕捉视野范围内的移动物体，拥有了追视的能力。4 个月大的宝宝已经可以展现出对某种颜色的偏爱，可以分辨出同一种颜色的深浅。家长可以经常给宝宝看移动的物体，比如手持带有图案的卡片让宝宝追视，每次训练的时间不要超过半分钟。

4~5 个月，宝宝视觉进步非常快，视网膜发育更成熟，能近看、远看，并建立立体感，会以视线寻找声音来源和追踪移动物体，能够转动身体伸手去捕捉眼睛看到的感兴趣的物体，而且渐渐地可以盯着某一个物体看几秒，即拥有了定视的能力。这个时候呢，家长可以在宝宝身体 70 厘米的范围内，摆放色彩鲜艳的玩具图案，以便宝宝去接受丰富的视觉刺激。

5~6 个月，随着双眼聚焦能力逐渐发育成熟，宝宝可以自发调整自己的姿势，来看清楚想看的东西；随着远距离知觉开始发展，宝宝能够注意到远处的事物，可以抓握，手眼协调能力也开始发展了。这个时候家长一定要扩大宝宝的视野范围，多带宝宝四处走。

7~8 个月，宝宝拥有了几乎和成人一样的视觉能力，可以感知物体的轮廓、色彩、距离、体积等，感知远近、深浅的深度知觉也开始发展。建议家长让宝宝多辨别，培养宝宝外出的兴趣。

1 岁，宝宝视觉发育得已相当成熟，开始对细小物体产生兴趣，并能区别几何图形。

1~2 岁，宝宝可以通过观察将物体配对，视觉精辨能力发展得更好，模仿能力也增强了。

3~4 岁，宝宝拥有了较好的深度知觉能力，能迅速判断物体的位置并尽快找到目标，空间感提高了。

4~5 岁，宝宝的视力逐渐成熟，视觉清晰度增加，基本达到成人的水平。

5~6 岁，宝宝开始渐渐发展出立体视觉，可以观察出图画中内在的联系。

以上是我特意整理了一些文献后得出的儿童视觉发展路径，呈现了尽可能多的细节，目的就是保护好孩子的心灵之窗。

在上述的细节中，还有应该引起家长重视的“颜色”“轮廓”“远近”“体积”等关键词。需要强调的是，大自然是最适合的场所，建议家长要带孩子早去多去，在大自然中完成视觉刺激，而不是局限在室内，局限在声光电玩具和早教产品中。

实际上，婴儿对色彩的敏感度远高于成人，而真正的色彩同样源于大自然。在《早教的秘密》里，李子勋老师认为婴儿的视觉甚至完全可以和计算机的相媲美。曾有科学家对10个月大的婴儿做过辨色实验：在只有一个色差的照片里（计算机精确打印），婴儿可以轻松地找到自己玩的那一张。而成人，则需要8~12个色差才能分辨出两张照片具有色差。

父母帮助孩子发展视觉，首要的就是回到大自然中。2岁孩子看过的、关注过的东西越多，视觉敏感度会越好，内心活动的视觉模型也会更多，会比别的孩子看到更多更细致的东西。

在我的实践、观察和总结中，我发现女儿的观察能力的确非常出色。她是在大自然中行走长大的孩子，我更是力求在真实的场景中去构建她的认知和思维体系，而且她也很乐于去观察，发现不同。

记得在孩子1岁多的时候，我们在泰国清迈旅行。有一天早上，孩子在餐厅的木质餐桌上发现了一只蚂蚁，于是就顺着蚂蚁的路径一直找。经过桌腿，到了地上，后来她索性蹲在地上看蚂蚁到底要去哪里。特别有意思的是，那天餐厅里的几个小孩全都过来了，有的蹲着，有的趴着，全都目不转睛地看着蚂蚁。刚会说话还不能说太多整句的女儿，一只手指着蚂蚁，一只手拉着我提问：“为（指代为什么）？”直到发现蚂蚁经过的路上有很多面包之类的食物，他们才算满意这一趟的观察。

很多时候我都忍不住惊叹，无论多么小的细节，孩子总能在第一时间发现。不管是熟悉的环境，还是陌生的地方，或者是一家人看观察类书，玩观察类游戏，她的小眼睛总能快速发现，并且指出问题的关键所在。

## 视觉发育的要点

**1．用好四季的色彩**

我的好朋友，家里孩子刚 3 个月，她就开始询问给孩子买什么样的闪卡好。她是想早早训练人类幼崽，但事实上这并不是明智的选择，我给她的建议是用好四季的色彩就足够了。

春夏秋冬四季的色彩是最饱满和丰富的，只要多带孩子出门，多走走，孩子的视觉就可以获得丰富的视觉刺激。

**2．观察细微之处**

建议在带孩子出门的过程中，加强视觉训练。在合适的年龄段，引导孩子观察花草树木，观察鸟兽虫鱼，观察日月星辰，这些通常都能够给孩子带来丰富的体验和感受。

**3．多去名山大川，增加远近的刺激**

2017 年，我写了一篇关于“以带孩子旅行为早期教育”的文章，当时被各大公众号转载，阅读量极高。但对于这篇文章的评论也是两极化：一部分人鼓掌说，就应该带着孩子有多远走多远；一部分人否定说，这是有钱人的游戏，就在家楼底下的土堆水坑玩也行。当时没有太多机会和网友交流，不过就我后来更多的实践体验来说，不同的方法效果不尽相同。视觉是一种综合性的知觉功能，包含形体结构、透视感、颜色、质感、距离感等。在真实的场景中，我更建议家长扩大孩子的生活半径，不论是宽度、深度，还是广度，都是重要且必要的。

05

## 嗅觉是孩子探索环境的重要手段

今年母亲节时，热搜上有一个主题既真实又有趣——“妈妈是香的”，引起很多网友转发评论。从儿童保健学的理论来说，嗅觉也是孩子识别环境最重要的方法之一。孩子刚出生时，嗅觉中枢与嗅觉神经末梢就已经发育成熟了。事实上，我女儿也经常和我说，妈妈就是香的。有时候她会抱着我，深深地闻一闻，表情很陶醉的样子。我特意留意了一下都是哪些场景，发现有睡前，有她想撒娇的时候，有她受委屈的时候，还有她成绩没考好回家大哭的时候。在我和孩子深深的拥抱之中，我知道孩子闻着这种气息，能够获得宁静。

其实，这就是一种与自然气息的连接。

我前面讲过我生完宝宝的细节，当时护士把孩子放在我胸前，孩子第一次趴在我身上无师自通地吮吸着乳房。这个本能的行为就源于嗅觉的识别力，孩子正在用嗅觉来识别外部世界。

心理学家认为，嗅觉是孩子探索环境的重要手段；医学家认为，孩子不一定要特意训练嗅觉，正常水平就够了。既简单又科学的方法就是，把孩子放到大自然中去，孩子能接触到什么就是什么，自然的草木芬芳就足以给人舒服的感觉了。

在我的实践过程中，自从家里有了孩子，我的香水们基本上没有了用武之地，家里的香氛也都撤掉了。可以说，孩子在5岁前，在我们自主可控的环境中，几乎没有闻到过人工合成的香味。这么做的目的是，不刺激孩子的鼻黏膜，减少孩子过敏的源头。

而孩子可以接触到的，基本都是来自大自然的。每次外出，我都会让孩子闻一闻，比如大海的味道、小草的味道、花瓣的味道、石头的味道，甚至是风的味道、雨的味道、阳光的味道……我女儿的小鼻子算是比较灵敏的，最近又喜欢上了书的味道，还喜欢消毒水的味道。这里我没有从遗传学上进行探讨，而是从家长的角度来说。我认为，一个有清晰分辨力、知道如何提高自我愉悦度的孩子是家长更乐于看到的。

对于孩子嗅觉的刺激，我认同的是回归自然。作家、艺术家、音乐家等有创造力的人，都喜欢在自然中寻找灵感。而我想再补充的是，不仅是成人，还有婴儿，我们都有嗅觉记忆，在成长发育的过程中，嗅觉除了让人有分辨力，也让人能够找到愉悦的法则。

06

## 敏锐的味觉感受器

味觉的感受器是味蕾，主要分布在舌上。生理学研究认为有酸、甜、苦、咸四个味道，而其他的味道都是由这四种基本味混合而成。一般情况下，舌尖对甜味最敏感，舌根对苦味最敏感，舌边对酸味最敏感，而舌尖和舌边感受咸味也很敏感。味觉的形成过程是，食物刺激味蕾，产生神经冲动，传导到大脑皮层味觉中枢，最终形成味觉。

关于味觉的发育，因为涉及孩子的口粮问题，包括选择母乳还是奶粉、辅食的添加，所以是大部分家长非常看重的部分。我们应该了解：胎儿在 2 个月时嘴巴开始发育；4 个月时，舌尖上的味蕾已经发育完全；在 7~8 个月时，味觉的神经已经髓鞘化了。所以，孩子一出生味觉就已经发育完善。

实验证明，婴儿出生第 2 天就有味觉能力，1 个月内能够分辨苦、甜等不同的味道。

我女儿在婴儿期时长势喜人，特别壮实，每次喝妈妈的乳汁都是轻松愉悦的，可以说是个易养型的宝宝。但到了 5 个月左右，我发现她的味觉其实是非常挑剔的。在我上班后，姥姥给她喝的是经过冰箱储存再加热的奶水，对此她完全是拒绝的。很多过来人当时和我说可能是奶嘴的问题，建议我换奶瓶试试。但很快我就意识到了，只要换成没有经过冰箱储存的新鲜奶水就没有问题了。味觉是非常微妙的个人体验，每个孩子不尽相同。

宝贝在五六个月到 1 岁这一阶段，味觉发展最灵敏，这通常也是宝宝添加辅食的重要阶段。在这个阶段，营养师会教大家很多食谱，大家记住核心的一条就好了：食材的新鲜程度是最重要的，口味的丰富性也很重要。

得益于姥姥的悉心研究，我女儿在辅食期间的饮食一直都是极为丰富的。从不同口味的米糊，再到鱼类、肉类、水果类，基本上每一天的餐食种类都能够达到 20~30 种。味觉的拓展带来的是她从不会被轻易诱惑，在普遍喜爱糖果的年龄，她反而更喜欢原汁原味的食材。

有一次我们讨论换什么奶比较好，女儿从我们买的三四种奶里，很快挑出保质期最短的纯鲜奶。她说这款口感是最好的，没有其他的味道。

孩子的这种直觉，让我更认同“母乳就是孩子天生的味觉”这一说法，而其他的味道都是后天构建的。味觉往往是印象记忆中最持久的，所以，不管我们走多远，最难忘的还是妈妈做的饭，家的味道。

07

## 五感刺激，赋能生命感受力

中国科学院心理研究所研究员尹文刚在《神奇的大脑》一书中提出：人类的智能活动离不开具体的感知觉，感知觉的开发是脑开发的基础环节，只有打好了这个基础，上层建筑——各种复杂的认知活动才能更加辉煌。

### 敏锐的感知力和良好的观察力之重要性

1994 年，加拿大心理学家唐纳德·赫布进行了一项著名的“感觉剥夺”实验。实验时，将自愿受试者安置在一个特制的屋子里。在这间屋子里的人，各个感觉器官都得不到任何刺激，也就是说，在这间房间里，没有光、声音、气味等，总之什么都没有。受试者戴着软绵绵的手套，另外从肘到指尖、从膝到脚尖都包上了东西，以限制感觉。除了吃饭、大小便以外，受试者一天 24 小时躺在舒服的床上，整整待上 4 天，然后再出来进行行为测试和智能活动。结果发现，受试者出来后，动作变得不协调了，错误百出，而且智能活动也出现了障碍。比如，让受试者将一根小棍插入一个洞里，要求不能碰到洞壁，结果一些受试者始终无法完成这个原来根本没有难度的技能活动。这个实验说明，人的智能活动离不开具体的感知活动，如果感知活动被剥夺，智能活动就会出现障碍。

很多获得高成就的人都有一个特征便是感知能力强。美国卫生教育福利部有个专门负责特殊人才的办公室，曾为那些想培育天才儿童的家长提供了一份材料。这份材料列举了那些聪明过人的天赋儿童的典型行为和突出特点，包括善于观察、好奇心强等。中国超常儿童追踪研究协作组从 1978 年开始，在全国范围内对 55 名各种类型的超常儿童进行了历时三年的调查研究。结果发现，虽然超常儿童心理发展的类型和程度不尽相同，但其心理发展却有一定的共同特点，其中也包括敏锐的感知力和良好的观察力。由此可见，感知能力的发展对于人才成长的重要性。

## 人和自然的关系是直接的

明确了儿童五感发育的认知作用和重要性之后，我所总结的实战方法是：在自然环境中成长。这对孩子五感的刺激更为丰富，意义更深远。这不是什么新锐的观点，也不仅仅是我个人的实战经验。在今天这个感官过度电子化、科技迅猛发展的时代，比起跟风投入，回归自然更值得家长高度重视。

我边思考边写作的时候，随口问了女儿一个问题：“给你一个选择，你是想待在房间里随心看你想看的动画片，还是去树林、公园里玩呢？”

她说：“当然去树林里，我还想爬树呢……”

看来，人和自然的关系果然是紧密的。

从业媒体的20年来，我从女性媒体转型到母婴媒体，其实都是围绕着“人”展开的。有幸的是，在做《父母世界》主编时，我多次被自然养育这个课题吸引。第一次是看德国*Eltern*杂志的一篇关于森林幼儿园的报道时，配图中一个三四岁的孩子在抡一个火绳，把我吓了一跳，没弄明白孩子们是不是在玩火。第二次，是我看到了“自然缺失症”这个词，并且为之一震。北卡罗来纳州立大学教授罗宾・摩尔也曾提出：“五官中的两种感官（视觉和听觉）被单向度的电视以及其他电子媒体体验模式所取代。”他一针见血地点出了当下的状态，越来越多的孩子1岁就会玩手机了。第三次，我深入德国采访森林幼儿园时，再次了解到自然世界对儿童五感刺激的独特作用。

在这个学习的过程中，我体会最深刻的是，自然提供的真实环境是孩子学习的最佳场所。这样充满探索机会的场所，可以无限激发孩子探索的好奇心和敏锐的感知力，孩子从中获得的将是可持续化发展、受益一生的超级养分。

## 这是一种精神健康的投资

女儿最近很喜欢看一本叫《我的野生动物朋友》的书，这本书是她偶然从学校的跳蚤市集和高年级的同学换回来的。我问她为什么会换这样一本厚书，她说：我太想认识这个光着上身骑鸵鸟的小孩了。这本书其实风靡了很久，2002 年第一次上市时，我记得我就已经看过，也深深为之震撼。不论时光如何变迁，最打动人心的就是自然的生命力量。

正如美国博物学家、散文学约翰·巴勒斯说："我走近自然，安抚和治疗受伤的心灵，再一次拾回我对美好事物的感觉。"而我们的孩子，则需要自然来开发他们的感觉器官，培养他们的学习能力和创造力。

巴勒斯认为，孩子通过感觉来生活。感官体验将孩子们内心深藏的情感世界与外部世界连接起来。自然环境是感官刺激的主要来源，因此，有时间有地方去感知世界，能够自由自在地在户外环境中探索和玩耍，对于儿童内心生活的健康发展是至关重要的。

针对这一观点，我特意采访了《林间最后的小孩》这本书的译者王西敏先生。他是美国威斯康星大学史蒂芬斯角校区环境教育及解说专业硕士、上海师范大学儿童文学硕士，现任职于上海辰山植物园科普部，同时也是中国著名的自然教育的实践者。西敏老师不认为自然教育是唯一的，他认为自然教育是教育的一种手段、一种途径、一种更有长久价值的教育，是通过自然的方式，比如攀树、观鸟、夜游等，以不同的视角让孩子学会和自然相处，让孩子懂得我们只是自然的一部分，和刮风下雨是一样的，让孩子知道在不同的环境中如何乐观地生活。这是儿童早期非常有必要的一项精神健康的投资。

正如泰戈尔所说，最高的教育不仅为我们提供信息，而且使我们的生命与一切存在和谐相处。自然教会我们太多——关于我们自己，关于我们与一切生命存在的联系。真正的学习，是既可以看到每一棵树的独特，又可以感受到整片森林。

Chapter

2

# 思考赋能

## 扩大孩子的思考自由度

爱因斯坦曾说:“提出问题比回答问题更重要。”

在这一点上，家长们深有体会。虽然不见得能完全理解这句话的精髓，但是，最起码在养育孩子的过程中，我们都在不断地鼓励孩子们发问“为什么”，甚至被孩子提出的问题难倒过。作为成年人的家长，遇到了前所未有的挑战，包括知识、智力等方面。

女儿 1 岁左右时，刚学会说话。有一天，她看着我的眼睛说:“妈妈的眼睛里有哈哈。”（哈哈是她的小名）我吃惊于 1 岁孩子的观察力，也被孩子如此有趣、富有深度的思考深深吸引。孩子这句话用的是陈述句式，虽然不是发问，但蕴含着复杂的思考。

后来，她进入了疯狂的“十万个为什么”时期，会说一个字的时候，就开始问:“为？”问的事之多，问的人之广，一度使她成为小区里有名的“为什么小孩”。

最近一次，已经 7 岁的女儿挑战我的问题是:“妈妈，人死后是否还有知觉，毛爷爷躺在水晶棺里能知道有人来看他吗？”问题的前情是当天我们夜游了天安门，爸爸倾情给孩子讲了新中国成立的故事，提到现在毛爷爷躺在毛主席纪念堂的水晶棺里，这个场景瞬间打开了她的好奇之门。

你们一定很想知道，我是怎么回答的。其实，我答了什么并不重要，重要的是我是否给孩子提供了一个清晰而开放的思考线索。

说实话，这个问题不好回答，但是我很清楚地知道，绝对不能回答“有”或“没有”。这种单一的结论型答案，很容易导致孩子最后只记住一个结果，不去思考这个结果是否合理，是否和自己的理解有偏差等，时间久了就会造成孩子思维狭隘。

也就是说，家长多说一次答案，孩子就少一次学习和探索的机会。

所以，听到女儿的提问后，我没有立刻反馈，而是停顿了一会儿，想了想后才开始我的回答。我努力调动了有限的医学、神经学等常识，尽量多维度地给孩子提供一个较开放的思考路径。至于答案是什么，我引导她进入了一个讨论的环节，让她可以通过思考获得自己的答案。而且，随着年龄的增长，这个答案也会不断地升级迭代，甚至彻底颠覆最初的样子。

“提出问题比回答问题更重要。”这句话我身体力行了十几年。作为人物采访记者，我始终认为提出问题更具有挑战性，要调动提问者浑身的好奇细胞来挖掘和开拓将要面对的人和事，然后打开对方信任的阀门，提升对方倾吐的意愿，调取对方浩大的记忆宝库，撬动对方心灵的真实按钮，以及引导对方输出高价值的认知体系……这不是一件容易的事，但又无比重要，其精髓在于思考探索能力。

事实证明，我们的孩子是在探索和提问中了解世界，进而构建他们的大脑思维网络的；并且，不同的孩子呈现出完全不同的思维方式、性格特质，以及学习能力等。再残酷一点来说，我们的孩子已经开始表现出了差异化。面对这些差异，一些家长开始陷入无序的焦虑之中，弄不明白问题到底出在了哪儿。当然，也有不少智慧的家长选择和孩子一起开启求知之路。

只有当孩子具备了自己提出问题并且解决问题的能力，才能适应社会，成为一个了解人类世界的人。在这一章中，我们将展开关于孩子思考力的探讨，希望能给家长提供更直观有效的思考路径和解决方案。

01

## 知识面越宽，思维越自由

随着孩子的长大，小婴儿完成了坐立行走，开始了吱吱呀呀的表达。

一些研究表明，孩子从 6 个月到 3 岁，都会在读写方面有一些共同的表现形式。比如，孩子会把书一会儿从后翻到前，一会儿从前翻到后，遇到插图时会全神贯注；他们还会指着图片，低声地念叨着，就像他们眼中的大人一样。

这样的口语表达就是孩子思考的开始。

在和孩子交流的过程中，我们会引导："这是什么呀，宝宝你想一想！""你认真想一想呢？"当然，还有一些家长面对上小学后的孩子，尤其是写作业不顺利的，会说："为什么不思考？你脑子去哪里了？"

思考是什么呢？借鉴管理学的路径，思考包含着发现问题的能力、解决问题的能力，以及永不言弃、刨根问底的精神。不难看出，思考能力是每一个孩子成长的里程碑，也是一项拉开人与人差距的技能。

当我和女儿玩提问游戏的时候，她很喜欢说一句话："让我想一想。"她甚至会再补充一句："不要揭秘哦，如果我没听明白会再请你说一遍。"看来孩子已经获得了思考的乐趣，答案就不那么重要了。

也许有人会问，思考本身就挺难理解的，思考的乐趣又该如何获得呢？我的答案是，要有意识地扩大行动半径，扩大思维边界。

我记得罗振宇在一次演讲中提起他曾请教《财经》杂志主编、《哈佛商业评论》中文版主编何刚这个问题：案例研究，大家都在做，为什么全世界只有哈佛商学院做得最好？何刚老师的回答是：每一个案例，我们都要求它必须符合"跨周期，跨文化，跨行业"这三条标准。

这个"跨"，不仅让罗振宇老师深受震动，也让我们这些隔屏看演讲的人深受影响。

借用这个思考逻辑，我想表达的是，这种跨越难度很大，但构建的体系确实是难以复制、独一无二的。

我个人的成长历程，属于典型的以"跨周期，跨文化，跨行业"来重构自我和思维体系。

我从小生活在山西大同，在 20 世纪 80 年代那是著名的煤都，在外人眼里是一个富裕的北方小城。在我们这个典型的四口之家里，妈妈虽然担任小学毕业班的常胜将军班主任已经20多年，但从未让我姐和我感受过“鸡娃”。那个年代的父母大多是平常之心，从没有想过要靠什么来获得阶层的逆袭。

我童年的记忆，可不仅仅是黑黑的煤炭和无聊的矿山，还充盈着许多新鲜的东西。我4岁的时候，和姐姐第一次来北京，妈妈带我们去了北京动物园。穿着背心短裤的我们骑在大老虎玩偶身上拍照，我一直记得那种大型毛绒动物硬硬的短毛特别扎腿的感觉。

而经常往返于北京和大同的爸爸，会从北京带回来很多惊喜。每隔几天，我和姐姐就一定会早起，跑出卧室来寻宝，看看家里又有什么新鲜东西了——能吹超大泡泡的泡泡糖，西瓜红的长筒丝袜，一大盒子自动铅笔，成箱成箱好吃的方便面，能弹很高很高的席梦思床……这些物品在20世纪80年代对小孩子太有吸引力了。这些具象的东西让我突然发现：糖除了甜，还可以吹成大泡泡变得好玩；自动铅笔不用削，却可以一直一直用；床真的能把人弹得很高……这些新鲜物品像是帮我推开了想象的大门。

后来，爸爸送我去北京上大学。我记得我和同学第一次去北京人艺看话剧，开场前有工作人员让观众填表，类似一种调查表，我记得我写的是希望人艺话剧能来到我们山西大同去演出，让我的同学有机会看到。那一次，我特别清楚地意识到生活半径对我们视野和思维的局限性，以及改变的必要性。

再后来，我的工作步入正轨，非常幸运地一脚踏进中国媒体行业的黄金年代。当时我们有非常多的采访和行业交流任务，需要不断出差，甚至出国。十几年下来，我用完了几本护照。直到 2017 年，媒体行业的经营出现了断崖式下滑，内容创作大幅度萎缩，我管理的内容平台也转向了电商内容、社交内容等，行业的格局更是随着疫情不断发生变化。而我也正式地放慢了脚步，有机会回头看看这些年的得与失。

说到这儿，我想到了盲人摸象的故事，这个大多数人都听过的故事。

六个盲人伸手依靠触觉来了解大象。有人摸到了象身，认定大象是一堵墙；有人摸到了鼻子，认定大象像条蛇；有人摸到了尾巴，认为大象像条绳子；有人摸到了耳朵，认定大象像把扇子；有人摸到了腿，认定大象像棵树；有人摸到了象牙，认定大象像根长矛。这个故事一针见血地指出：我们大部分人都会被困在视野的局限中。

文森特・赖安・拉吉罗在《思考的艺术》中提出了很透彻的见解：透过自己的视野看待世界，我们的视野很狭窄，于是思考也跟着遭殃；最令人遗憾的是，视野狭窄首先会影响我们正确看待自己的潜力。大多数人从未彻底了解自己，我们只看到我们现在是什么人，从未意识到我们还有更重要的部分——我们有能力成为什么样的人。

文森特是美国纽约州立大学德里分校荣休教授，国际公认的“使思维成为教育重点”运动的先驱，在创造性、批判性思维方面具有深厚的实践和教学经验。而这一点，不仅是我个人（家长兼教育工作者）近年来一直关注的重点，而且更是未来人才的重要评估指标。他的这段话对我触动很大，假如我只局限在自己的一方小天地里，又将如何与今天的自己相遇，又将如何找到未来的自己？

于是，我接着对自己进行进一步的剖析。这些年我跨行业，从女性媒体到母婴媒体；也跨周期，经历了媒体行业从黄金时期到受到互联网冲击后历经兴衰成败转型的举步维艰；早年持续不断地向外扩展，走了非常多的路，去了很多国家，采访了世界各地的优秀人才，亲身感受了跨学科的学习和跨文化的启发。总结来说，这个过程本身就是一次次跨越舒适圈的探索；同时，思考也恰如慢变量一样在积累，在我的成长期和成熟期不断扩大着自己的关注圈和影响力圈，让我可以看得清脚下的路，寻得到远方的灯。

正是编辑这一职业的特性，成就了我们这样一批杂家，对任何行业都有了解的兴趣，对任何有故事的人都有挖掘的欲望，获得了丰富的知识面的积累，使得思想边界不断拓宽，思想不断深化。人的成熟是一个漫长的过程，要经历不同的阶段。而在当下，孩子们比我辈有更多的机会去认识世界，了解世界。当一个人不断打破，不断重建，并且形成自己的见解和看法，进而做出应有的贡献，才会成为、并且有能力成为自己。而这一切正在孩子们身上发生，他们头脑中的积累也迟早会形成慢变量效能，推进他们成为有能力成为的人。

02

## 答案是自己寻找到的，不是别人告诉你的

正因为我的自我建立是一个打破和重建的过程，所以在成为母亲后，我没有依赖育儿书的指导，而是遵循内心，从婴儿阶段就践行着有多远走多远的养育方式，尽可能地将孩子学习的场所扩大，引领孩子在真实的世界中玩和学。

同时，我时时告诫自己，不要做那个立即给孩子答案的人。不管是回答得了的，还是回答不了的，都不要让孩子形成“只有妈妈知道”“凡事找妈妈”这样的思维定式。不是“只有妈妈知道”不对，而是说，妈妈这儿不应该成为孩子寻找答案的地方。当然，不仅单指妈妈，还有其他的家庭教育参与者，学校教育的老师等，也一样。

除了告诫自己，同时我还会对孩子说一句话：“你是怎么想的呢？”

我想强调的是，这里不仅仅是指年龄大的孩子，而是指我们面前的孩子，无论他年龄是大还是小，都不应该被矮化，都应该被平等地看成一个有思考能力、有思想的人。

今天这一代的孩子太幸福了，他们有绝对的优势跨越我们这一代父母所经历的一切。他们一路成长，物质、地域、时间等的束缚减少了，此时他们需要的是家长给予更有远见的引导，给他们提供探索可能性的自由。前文提过，我写过一篇评论非常激烈的文章，当时的编辑把标题改成了“3 岁娃居然旅行 50 次！为什么我把所有报早教班的钱，都花在了带孩子旅行上”。很多网友提出反对意见，说：“我们没钱世界各地地玩，在家楼下玩水坑也一样，跑那么远反而折腾大人孩子，劳民伤财。”其实不管是在楼下玩，还是在各地旅行地玩，只要利于孩子发展的就都是好的。只是后者与前者最大的区别在于，孩子是在真实的社交场里，探索、发现、寻找自己认可的答案。

我是如何满足孩子的自由探索之心的呢？

那就是，打破“什么是大人该做的，什么是小孩该做的”一说。“该做的”到底是什么呢？事实上，每个家庭对此都有不同的界定。

我女儿 1 岁时，我们旅行的脚步开始走出国门；出行准备越来越多，交通工具也从汽车、火车，增至飞机，机场成为常来常往的地方。每次出门，我都会将全家的证件装入一个大文件夹中管理；在机场办理手续或是过海关时，先生都会将孩子抱起来，让她手持自己的证件递交给工作人员。

这么做在很多家长眼里有“多此一举”之嫌，不过呢，我们挺在意这种参与感的。1 岁多的孩子，小手抓握能力完全没问题，也不惧怕与陌生人互动，家长只要不嫌给自己找事，就可以给孩子提供这样一个机会。与其让孩子不要动这儿，不要动那儿，不如给孩子一个和工作人员交流的机会，让孩子真实地感受外界工作人员的反馈，喂饱孩子的好奇心。要知道，孩子的内心建立起对社会的友好感是需要多维信息反馈的。孩子也需要获得平等可信的、被尊重的感受，这些都不仅仅来自父母亲人，更多的是来自外界生活。

当然，也有不少家长问过我，孩子能承受社会的真实、复杂，甚至是残酷吗？我可以很负责任地说，在这几年的行走中，我们身处庞大的社会枢纽中，绝大多数人并不会因为我女儿是个需要抱着的小宝宝或矮个头的小朋友而显得在意，或是态度粗暴简单，或是忽视不见等。我们感受更多的是来自工作人员的友好、鼓励和平等这些积极正面的态度。

和社会感受力并重的是，我们和孩子的交流也会基于她在什么场景中而进行发问，包括什么是航站楼、什么是垃圾分类、什么是安检、什么是支付、什么是数字化传送等。孩子的能力是很惊人的，在不断重复的观察和实践中，她经常能找到自己认可的答案；而家长更多的是扮演倾听者，用心倾听孩子的观察和分享，便基本可以完成“教”这个动作。

举个例子，在孩子4岁的时候，我带她去长白山。去机场的路上遇到了早高峰堵车，导致我们因为迟到三分钟而误机了。改签后的航班是在8个小时后，这意味着我们母女将要开启机场一日游。由于时间充裕，我们将北京的T3航站楼逛了个遍。托运行李环节，她作为小帮手帮我一起抬起行李，去看电子秤，然后小眼神跟踪式地看着行李通过检查，由专人运送登飞机。这个过程，她都一路跟着看过，所以，她很清楚人和物坐飞机的不同，走的通道不同，管理方式也不同。

有次去超市买早餐，她不断地提问我关于支付的问题：有几种支付方法——付现金，刷银行卡，手机扫二维码等；现金从哪儿来的，银行卡和谁连着，二维码是怎么构成的……讨论的过程让她特别开心。最后我们讨论到了人脸识别，连超市收银员都被逗乐了，说："小朋友，阿姨都想向你学习了。"

当然，旅行绝不仅仅是享受一路的美食美景，更是要体验旅行的全流程，顺利有时，麻烦更多时。如此难得的真实教学场景，值得被重视和运用起来。

真实场景的探索和学习，在我看来，最大的价值除了"学"得轻松，便是"用"得有效。

2019年，女儿在新加坡度过幼小衔接的间隔年（gap year）。有趣的是，他们学校的社会实践课程正好是去了解世界著名的新加坡樟宜机场。女儿其实去过多次，但这回和老师同学们一起去，带着经验和问题，又是一番收获。

新加坡的樟宜机场非常先进，作为全球最重要的枢纽之一，匹配着极为便捷的数字化登机流程。因此，尽管工作人员并不多，但是可以周到地服务每一个自助登机的客人。不满 7 岁的女儿早已体验过数字化登机，她很享受什么都自己做，在爸爸的帮助下，她知道如何扫描护照，如何选座位，如何打印登机纸，如何去托运行李，如何贴行李条等。而和老师们再去的时候，她的知识体系更立体了。

2020 年疫情暴发时，我和先生都在国内，66 岁的姥姥和 6 岁的女儿面临着回国的难题。也许正是有了之前多次的实践经验，她们克服了很多困难，顺利地完成了自助托运行李、打印登机牌、繁复的核酸检测和各种各样的登记，直至安全登机。当我看到姥姥发来的现场照片——两位至亲，一老一小，全副武装，穿着防护服，我泪如泉涌。这本该是我和先生要面对的问题啊，却由老人孩子来承担。除了满心的愧疚，更多的是感动，感动于这一老一小所迸发的超能力，面对异常的困难她们没有抱怨一句，而是用事实证明，我们能行。

真实的世界永远是孩子的成长课堂，它会满足孩子天生喜欢探险、喜欢在新鲜和乐趣中挑战学习的需求。

很多家长会选择带孩子去现在很流行的模拟场景体验馆玩

要。同样是体验学习，但是它和真实场景还是存在很大差距的。真实的场景是即兴的、动态的，充满着未知性，可以给孩子提供拓展思考边界的机会，提供探索答案的空间，是孩子学习和成长的必经之路，并且这条路没有捷径。

“答案是自己寻找到的，不是别人告诉你的。”这是我特别鼓励家长们要从小深植于孩子头脑中的一颗“求知欲”种子。这么做的好处不言而喻，孩子不会在思考这件事情上偷懒，而且会带着求知欲去克服一些难题。

女儿 2 岁多时，我们去了四川青城山旅行。屋外连绵下雨，我们就索性在屋外玩雨。等孩子穿上雨衣、雨鞋，我们打着伞冲进了雨里。我把手伸出来，让雨落在我的手上，孩子也模仿我这样做，还告诉我：“妈妈，雨凉凉的，但掉在手上不疼。”我说：“这是绵绵细雨。”后来，雨越下越大，她把手伸出来接雨水，雨顺着袖子一下子流进袖管里，她说：“妈妈，雨太大了，我的手装不下了。”我说：“这是倾盆大雨……”关于下雨，她不仅学会了很多新词，还会问我：为什么会下雨？为什么有的是绵绵细雨，有的是雷阵雨，有的是太阳雨，有的是倾盆大雨？为什么会闪电，为什么闪电突然有突然又没有了？……那天我们在雨中说了很多关于雨的问题，回到房间后，还一起看了关于闪电的纪录片，关于雨的主题才算告一段落。

或许是因为下雨，那天酒店客人很少，我们下楼准备去吃饭时看到大堂里只有一位表演者孤独地唱着歌。孩子牵着我的手驻足在门口，我们成为仅有的两个观众。没承想，女儿极为好奇，她本来在最后一排站着远观，慢慢地往前挪了几排，直至慢慢靠近，走到舞台的下面扬着脸看着那位表演者。最后，在我的鼓励下，还有那位表演者热情微笑的感召下，她登上了舞台，这个过程总共用时半个多小时。她和表演者阿姨手拉手，跟着阿姨的表演节奏感受了一整首歌曲。而此时，台下的观众也多了起来，孩子并没有因此胆怯，而是展露着笑容望着大家。

这是一个特别偶然的小故事，不过站在观察者的角度来说，我能看到一个孩子在好奇心的驱动下，不断地向自己发起挑战。整个过程并不容易，但可以肯定的是，她思考和探索的信念极为坚定，中间没有产生过一丝放弃的念头。事后我还感慨地和先生分享，孩子好奇心的驱动力太执着太纯粹了，勇气可嘉。当然，作为成年人，我也有一点点哀伤，也许这正是我们成人渐渐失去的能力。

孩子自己寻找答案的过程是有难度的。通过孩子在不同时期、不同维度的几个案例，我想说的是，孩子自己探索的好处已无须赘言，这是一项可以无限叠加的复利行为。

虽然“十万个为什么”小孩的问题非常多，有些问题甚至脑洞大开、难倒家长，但我们不难发现，这些问题的答案大多就藏在生活的细节里，藏在世界的街角和车水马龙之间。这些问题发自孩子的本心，需要提醒的是，家长要早早地增强意识，成为下一代得力的协同者、成就者。

在《中国学生发展核心素养》的框架体系中，能够不畏困难、适应挑战，有坚持不懈的探索精神和在复杂环境中行动的能力，同样是创新与科学精神的内核。最后，再总结一下，在孩子成长的早期启蒙阶段，大脑处于完全开放的吸收期，就像海绵一样，恰恰最适合为下一阶段批判性思维的养成打下基础。

03

## 对于孩子来说，批判性思维该怎么做呢？

关于批判性思维，我听到的最受触动的一句话是："当自己的苏格拉底。"

这句话在我们成人看来，确实太难了，其中也不乏夹杂着曾经浑身的棱角被现实生活磨平的妥协。但反之，孩子却天然地做着"自己的苏格拉底"，处于像海绵一样吸收大量的知识，不断地提问和质疑的最佳时期。

所以，家长是否有长足的能力教孩子，还是该向孩子适时学习？这也是身为家长的我认为该时常自省的一个课题。

前两节我们围绕着"提问"的原动力，梳理了扩大思维局限性的方法，探索引导式地寻找答案。那么这一节，我们要顺着孩子天然的好奇心天性，来探究孩子思维框架的形成。

"当自己的苏格拉底"是资深商业观察者蔡钰在《批判性思维》的课程里提到的。近年来，批判性思维（Critical Thinking）引起大家的重视，走进了一些有着快速反应的家长的视野。无论是申请世界顶尖名校，还是参加世界知名公司面试，是否具有批判性思维都是评估人才的核心标准之一。

2018 年，达沃斯世界经济论坛发布的未来五年的人才趋势报告显示，从 2018 到 2022 年，排位第一的是分析性思维与创新，第二的是解决复杂问题和主动学习与学习策略，第三是批判性思维和创造力、独创性、主动性。

如果说这是一套有益于培养全人的高质量评估体系，那么我们在培养孩子的过程中，为什么不从一开始就加以注意呢？

同时，再审视一下我们身处的时代，信息不只是爆炸，更是过剩。当人人都是自媒体时，人人都可以站在自己的角度发布观点看法；当人人都可以找货卖货时，信息的甄别能力变得尤为重要。不论年龄性别，只要你身处这样的游戏规则当中，就需要有能力搞清楚——哪些是对自己有用的，哪些就是消耗时间的，哪些的目的不纯良……身处其中，你是否和我一样，经常听到有人疑惑，这是不是真的？尤其是家里的孩子和老人，他们遇到的难题会更多。

前几天我妈妈被“安利”追听一些东北情感主播的直播。说真的，这些主播真是吃苦耐劳，为了满足平台规则中时长的要求，起早贪黑地播；表达能力也真是不凡，说着黑土地特有的贫嘴段子。不听不知道，一听吓一跳，他们直播连线说的故事堪比狗血电视剧，不仅有罕见的现代包办婚姻，还有夫妻合谋出轨骗钱……当然，大部分人一眼就能看透，讲情感故事是为了做用户黏性，主播的根本目标是拉够直播时长然后拼命卖货，从吃的到用的，甚至还请佛教大师现场卖字画。但是，火爆直播的背后逻辑是大众不清楚的。直播间里，大家 999 元苦求一幅在线开光的"家和万事兴"字画……不经意听到我妈说这些，我惊觉道高一尺魔高一丈。直播数据显示，在线骗术的效果很好，我妈妈身边的一位阿姨就买了两幅。不过晚上新消息就传来了，阿姨的女儿知道妈妈上当了，闹了一场，最后退货了事。

这样的故事在城市文化中本来已经逐渐消退了，但当下的媒介平台却一下子把它们拉回到我们身边。我们以为的时代进步其实并没有真正地进步，技术的进步同时也暴露了思想的原地踏步，或者说是停滞不前，甚至是落后。

在这里，讲了一个貌似和教育没有什么关联的故事，但我想读者应该能理解我的用意。今天我们面临的媒介环境是有史以来最复杂的，而我们的孩子终将成为社会人，就算他们成为这些故事中倒霉蛋主角的概率不高，但他们是否有充分的思辨能力，去判断，去甄别，不被 PUA（精神控制），不草率，不盲从，不为感性和无事实根据的传闻所左右，尽力理解那些价值观也许和我们背道而驰的分析推理方法，克服偏见对判断的影响，得出正确、理性的结论呢？这恰恰是今天的家长最应该深思的。孩子今天学的知识，在未来还有价值吗？而今天看似无用的事，在未来也毫无用武之地吗？

前段时间，《奇葩说》有一道辩题：“下班后，工作消息该不该回？”我们都懂，这是一个大家都想答“不回”的题。事实上，年轻人讨论最多的就是：“不回，下班后是我个人时间。”“回，我想升职加薪。”讨论没有对错之分，但这算是“妙趣”的思考吗？毕竟在成人的世界里，每一个选择背后都有自己的故事。不过，引起我兴趣的是刘润老师提出的一个解题思路，他在文章中写道：每个人都有不同的对错观，从不同的对错观出发，会得出不同的答案。具体来说，分析每一个问题时，至少都有三种对错观：法学家的对错观，经济学家的对错观，商人的对错观。我将这篇文章转发到了朋友圈，不少人评论说：好玩，自己还真是没想到。事实上，刘润老师通过观察和总结，把大家发散的思考进行了梳理，将一个有倾向性的问题，放至思辨的环境中，给网友们提供了更为开阔的思考空间，一下子超越了个人思考的局限。

其实，这就是一个典型的批判性思维的过程。

批判性思维这几年很受重视，市场上常见的《批判性思维工具》《批判性思维》等都是基础的读本，大家如果感兴趣都可以找来看看。

我个人认为，批判性思维是逻辑通识的基础，搭建好批判性思维体系，目标是成为一个批判性思考者。这么做的价值是，可以让自己拥有健全的心智力量，提醒自己，不断追求更好的结论、更好的信念，以及更好的决定。

对此，根据孩子的成长过程，我梳理出比较适用的三个方法。

**第一，帮孩子建立多元的知识结构，搭建多元的思维模型。**

近年来，不少培训机构都推出了通识课程。效果如何暂且不说，但从中我们可以看到大家都开始重视基础通识对个人发展的作用。

吴军在《大学之路》中对美国几所著名的常春藤名校进行了逐一分析。其中，哥伦比亚大学有一组拥有近百年历史的核心课程，严格执行了一个世纪。所谓核心课程组，是一组无论哪个专业的学生都必须上的课程，用以形成自身学科的平衡性。哥伦比亚大学也是最早开始强调通识教育的重要性的，课程集中在当代文明、文学人文、大学写作、艺术人文、音乐人文、科学前沿等领域。从毕业生的评价中可以看出，这组课程除了“臭名昭著”地难，也让人受益匪浅。核心课程的平衡性正是通识教育的典型特征，这样的学习是为了学会如何思考，而不只是接受具体的知识。

回到我们的生活中。我认为很有启发和指导性的方法，除了前文中提到的在真实世界里玩和学之外，还有在孩子上学后出行势必减少的情况下，要配合学校课程，辅以一些科学性的、系统性的知识来再次认识世界。

举个例子，我们在家里开设了科学实验室，想将课本上的知识通过实验和游戏的方式，渗透到孩子的知识体系中。学习地壳运动时，孩子做了地表板块拼图；了解地核能量时，孩子做了火山迸发的实验；学习植物种子成长时，孩子种了腰豆，观察了种子发芽开花结豆衰落的全过程……这些家庭小实验极大地激发了孩子探索自然世界的好奇心，也很好地帮助孩子树立了发明创造的志向。孩子在尽力消化和联系所获得的知识，这个过程比知识本身重要得多。当然，这些知识能够让孩子感受生命力，去理解，去思考，这些在我看来更具有深远的意义。

在《穷查理宝典》里，查理·芒格提倡要不断学习众多学科的知识，来形成思维模型。在手里拿着铁锤的人看来，世界到处是钉子；当你手中只有一种工具的时候，你就只能用这种工具来干活。只有用更丰富多元的知识来做基础，孩子的大脑才能有机会展开更多元的思考，才能尝试用更多的角度去探索和试错，进而才有可能获得更客观、更理性的结论。

**第二，鼓励孩子多尝试，犯错了才能及时纠错。**

说到尝试，我还算比较有发言权。作为一个开拓型选手，我在职业发展过程中算是如鱼得水，我也有幸做了很多个“第一”：说服互联网大佬李彦宏第一次登上时尚杂志，说服蔡康永在国内媒体开设第一个专栏，说服陈奕迅拍摄十年主题的封面，采访第一代国潮美妆女企业家崔晓红……回头来看，我最大的体会是：虽然一直在尝试，但我确实一直不允许自己犯错，甚至是不能接受自己会犯错。

让我跳出这个思维定式的是当时的领导安娜女士。记得我在媒体集团瑞丽杂志社工作时，有一次，在印刷的过程中，杂志的校样稿子出现了设计误删的错误。还好在出版前的最后一次样稿时被我们发现了，没有造成实质上的损失。尽管如此，这事还是把我急得够呛，甚至觉得身为管理者，这是我的失职。我充满自责地向安娜女士汇报这件事，本以为她会批评我，出乎意料的是，安娜女士看着我说：“金希，你是可以犯错的。除了知道方向，你还要带着大家去试错。”

那一次让我突然意识到，除了低头干活，我应该也要抬头想一想了，勇于开拓除了要有必胜的信念，更要敢于犯错和试错，给所做事情本身增加附加价值。

后来，我带的团队人员越来越多，在管理风格上我更倾向于放养式。我不喜欢也不擅长机器人似的给团队人员下指令，相反，我希望做他们的跑道，指导他们在自己擅长的方向快乐奔跑，在他们需要补给或是方向偏差的时候，及时出现给予必要的支援。说实话，这个方法让很多员工“水土不服”，甚至有人直接问我，你就具体告诉我做什么吧，我不想多想。当然，这样的情况最终都以分道扬镳结束。时至今日，我在不断反问自己的过程中，仍然坚信，无论员工还是孩子，主动性都应该抓在他们自己手中。

在很多家庭都头疼不已，甚至导致母子关系破裂的弹琴事件上，我很欣赏我女儿的钢琴老师绪飞老师的方法。他每次都会告诉孩子，大麻烦是由很多个小简单组成的。在我女儿弹琴出现各种畏难情绪的时候，我会告诉她，妈妈绝对不想做抽在你身上的那根小皮鞭，你也绝对不是任人抽打的小毛驴，你可以把小简单们弹出来，从而解决掉那个大麻烦。说实话，效果非常好，虽然还是会犯错，但是她会直面自己的脆弱，她知道自己才是自己的主人。

前段时间和一个好友聊天，她也是一位资深的教育行业从业者。她很纠结，但还是在孩子四年级这一年，停掉了孩子综合素质的培养，把所有的时间和精力用来提高语数外的成绩。虽然我特别能理解她的选择，但仍然有些许遗憾，当孩子的世界里只剩下考试和分数，他将用什么来面对未来？

**第三，带着问题投入生活和学习之中。**

我之所以很欣赏绪飞老师，还有一个原因在于他的教学思路。每个周六的清晨，女儿都会和他一起学琴，窗外时而清风时而阳光，孩子的课总是非常富有挑战。在孩子度过了适应期后，绪飞老师将教学方式调整成自学式，意思是孩子课前需要自学，需要学着试奏，需要试错找问题，然后在课上找老师解惑。这个教学思路我没有提出反对，虽然我很清楚它的教学难度，尤其是对于 7 岁的孩子。因为身为家长，我除了重视弹钢琴对左右脑的锻炼，重视钢琴弹奏的音乐熏陶，也同样重视弹琴对孩子主动性的调动，以及在试错中找到方法的独特体验。

孩子从一开始就从不依赖，每一堂课都努力去解决自己的疑问。我想这也是一个积极的储备吧。

我想到了我的初中同学，全班唯一一位考上清华的同学，后来一路考取了清华的博士。他留给我们最深的印象是，下课后绝对不放老师走。每节课后，他都有数不清的问题和老师进行讨论。事实上，这的确是一个极有成效的学习方法。

所以，批判性思维的养成，不是要求我们从一开始就建立完备的思考过程，能够推导出完美的结论，而是自己当自己的苏格拉底，带着问题意识，敢于推倒既定结论，通过试错，找到问题的症结。

**如何利用周末的早餐时光，帮助孩子养成批判性思维呢？**

我的首选是，充分地和孩子聊时事。

第一点，如果想让孩子像海绵一样充分地吸收知识，那么首选每周的重要新闻，可以延展给孩子讲的。

我家最近谈的话题是，嫦娥五号轨道器进入日地 L1 点轨道。如果没有新闻作为发端，那么我想除非是天文爱好者或者父母是相关行业从业者的家庭，才会给孩子这样的专业知识指引。

所以，我经常会选择这样知识性非常强的新闻来和女儿展开探讨。当然，以我的知识储备很难讲清楚日地 L1 点在哪儿，嫦娥五号为什么落在那儿。这时候，我就会顺势去找专业科普的视频来满足孩子的好奇心。说真的，一家人一起学点新知识，特别有利于孩子学习能力的提升。我发现，孩子通过这样的方式，学习新知识的速度和吸收率都非常出人意料。

有了知识，是不是就够了呢？我建议大家继续往下走一步——鼓励孩子提出自己的疑问，说出自己的观点，潜移默化地训练批判性思维，这就是第二点。

可以和大家分享我的方法：先找家庭成员的兴趣点作为话题，扩大孩子思维的自由度，然后再鼓励孩子去分析、判断，并且勇敢地表达自己的观点。

比如，我们一家都很喜欢建筑、设计、创意、艺术，所以，我们经常选看“一条”的短视频。有一次，我们分别看了三个设计：一个是建筑师马岩松设计的四合院幼儿园，一个是建筑师刘家琨在成都设计的西村大院，一个是建筑师黄印武在沙溪做的遗产保护。

看完后，我提议全家都来说一说自己最喜欢哪个设计，理由是什么；这个设计哪里好，哪里你不喜欢，如果可以改进，你想到改进什么；等等。

然后，我们全家轮流发言，说出自己的分析和观点，以及不同的意见。

也有不少朋友说，这会不会太难了，会不会太刻意复杂了？

我的孩子 7 岁，因为设计是直观视觉语言呈现，所以对孩子来说非常好懂。而且我特别想说的是，家长千万不要低估孩子的理解力和见解，他们的洞察力往往比我们的更胜一筹，他们的好奇心正驱动他们做更多深入的探究。

Chapter

3

# 创造力赋能

## 请给孩子『做看似不可能的事』的机会

创造力赋能，对于我们这一代家长来说，是件大事，更是件难事。

一方面，这一代家长重视创造力价值的比例大幅度提升，不用精准的数据佐证，仅从孩子们的日程表就可以看出。艺术想象力、好奇心的培养，科学实验创新的培养，已经纳入了这一代孩子的启蒙教育和常规教育的计划之中。

另一方面，这一代家长是有切身体验的，他们在智能手机和多媒体时代中体验到了创造力的无限可能性。2018 年，由于业务关系，我经常去京东总部开会，体验了“京东 × 无人超市”的人脸识别购物。优点是真的很便捷，选好了拿着就走；难点也显而易见，数据服务、支付服务都需要安全可靠的技术支持。同时，人力分配和对于传统行业的颠覆也是难点。事实上，无人超市目前在中国还没有广泛应用起来。

2020 年，美国 Amazon Fresh 推出了智能购物车。前几天，我和好友——身在美国的教育工作者张晶春交流时，她说带了孩子们，戴着两层口罩去体验了这款智能购物车。全程直接拿取，不用称重，不用支付，让孩子们深感好玩。除此之外，张晶春也想让孩子们体验科技进步给生活带来的更多可能性。

其实这是运用了传感器和智能手机来实现结账功能和称量功能。购物车的摄像头和电子秤会跟踪购物袋中的物品，当她带着孩子们离开时，智能购物车会自动在她的 Amazon 账户上扣费。了解了这个原理，孩子们对其评价很高。

2021 年 3 月，仍然是疫情期间，美国 Amazon Fresh 在伦敦推出了无人无现金的商店购物模式，顾客可以走进店内，取走他们想要的东西，无须在收银机付款，随后，这些商品就会出现在与客户 Amazon 账户相连的虚拟账单上。资料显示，Amazon Fresh 使用的技术与美国的 Amazon Go 商店相同。Amazon Go 于 2018 年首次向公众开放，使用货架摄像头和传感器等技术来追踪物品下架时的状态。

这就是我们今天生活的真实场景，虽然还没有普及到每一个国家、每一座城市、每一个生活角落，但时代的革新就在我们眼前了。

那么，问题来了，难点也来了，身为家长，我们该怎么实现创造力赋能呢？

这一章的写作，也是我反思、复盘最久，多次推翻重来才完成的。

我身处要经过严格训练的编辑行业，熬了数不清的夜只为琢磨“如何不再和上个月重复”“如何想出新点子来……”。在职业特性的要求下，编辑需要不断创新性地重复，尤其是要重复“从 0 到 1”这个过程。

这确实是创造性较强的一场职业赋能，对于众多家长来说，应该也有一定的借鉴价值。

来说说我的同事们，个个手里都有灵感小本本，个个都有自己甘之如饴的兴趣，个个都特别擅长搜索来自世界各地的一手信息，个个都是不计时间和成本回报的纯粹的工作狂人。历经这一系列的日积月累组合拳，同事们会再思考、连接、整合，最后做出带有新鲜元素的内容方案呈现给读者。

换言之，读者看到的任何作品，都经历了如上的步骤打磨，缺一不可。

而当我成为母亲，跨界进入母婴行业，学习儿童心理学时，看到施建农老师在《创造力与创新教育》这本教材中提到德国hannover大学Urban对创造力的定义，我心中波澜阵阵，默默共鸣好多次。

所谓创造力，是指在解决某个指定的问题时，能创造新的、不寻常的、令人吃惊的产品的能力。这种能力要求人具有敏锐的洞察力和广泛的知识解决能力，能够对于开放资料的信息进行有目的的寻找，同时对这些开放的资料和信息做灵活的加工、不寻常的联系和组合，并构建成具有新元素组成的产品，即创造性产品。

我想这段话会把不少家长弄晕，但如果了解了创造力是一种能力，有具体的指向和培养方法，家长就会清晰不少。同时，我也找到了一些比较典型的人和事供大家了解。

如果你喜欢奢侈品文化，那么来看看这个例子，法国Coco Chanel女士创造的2.55链条包也是创造力的体现。2.55是许多女孩梦寐以求的奢侈品，但在品牌价值的背后，更引人注目的是在1955年欧洲战后物资短缺的时代背景下，对废旧物资的重新利用。为了省皮料，Coco Chanel女士把Chanel套装下摆处的金链条扯下来，和皮革缠绕在一起，做成了混搭款的肩带。肩带设计的灵感是军用背包的肩背带和她曾经使用过的双筒望远镜的肩带。要知道在当时的奢侈品行业，肩带包是和劳动阶层联系在一起的，除了与世俗抗争，她将手提包变化为链条包，也是希望可以解放女性的双手，让女人即使双手拿满东西，仍然可以优雅从容。

离我们的时代再近一些的乔布斯，他和苹果公司直接改变了我们的生活方式。他说过："Innovation distinguishes between a leader and a follower."（领袖和跟风者的区别就在于创新。）

再近一些，为小米设计新 Logo 的设计师原研哉在一段时间里一直被大家热议，原因是大家看不懂小米公司花的 200 万元设计费到底改变了什么。这里我们无意讨论设计成功与否，而是从日本审美文化的角度来看，这样对原研哉提倡的设计理念——简化、减除、节制、顺势，应该能有所理解。他说："并不是只有创造出新奇的东西才是创造，把熟悉的东西当作未知领域进行再度开发也是创造性的。"

还有最近非常活跃的埃隆·马斯克。他卖掉了多处豪宅，然后租住在仅有 37 平方米、可折叠的预制住宅中。媒体称他将所有的未来赌在火箭和电动车上很冒险。而他直言：“不这么投入，才是最大的冒险，因为成功的希望为零。”

离大众生活最近的是王熙乔，一位四川绵阳的学生，因为想知道未来还有什么可能性，所以来到北京考学，进入北大附中国际班。高中毕业时，面对去美国读自己喜欢的天体物理还是留在中国做教育创新这两个选择，他选择了后者，创业做了一个叫探月的学院。有人问他会不会后悔没有去美国学习，他说：谁说一定要在一所大学学习？为什么不能半年斯坦福，半年哈佛，半年 MIT，或者半年印度，半年非洲，让这些真实的经历成为你在青春期对自我的定义呢？

我们的世界正在发生着各种各样的变化，所以这些打破常规、褒贬不一、大胆的冒险和尝试，或许才是创造力的魅力所在。

创新能力是我们国家近年来非常重视的素养之一，我们都希望培养一代用创新思维来解决问题的新人。作为培养面对未来的一代新人的母亲，我十分认同，我们的孩子正在迎来人工智能时代，创新能力是他们面对未来最有竞争力的软实力。

## 01

## 帮孩子建一个异想天开的实验室，动手试试

可能很多人会觉得，给孩子建一个实验室也太疯狂了吧！我们不妨先打破自己思维的墙。当社交媒体上众多达人妈妈都在推荐创建阅读角、游戏区，为什么我们的思路不能再开阔一点，和孩子一起创建一个既可以体验创造又能体验失败的探索乐园呢？

对此，家长首先需要树立创造力信念，为什么呢？因为创造力的黄金培育期是在儿童低龄期。施建农老师的《创造力与创新教育》，重点阐述了关于创造力的研究。总的来说，从婴幼儿到成年，人的创造性思维的能力是不断增强的，但发展的曲线并不十分明朗。许多研究者认为，婴幼儿时期是创造性思维的萌芽阶段，这一时期的基本趋势是，创造性能力随年龄增长而提高。婴幼儿时期的创造性能力不仅见于某些特定的领域，如音乐、绘画等，甚至在儿童的一切活动中都随处可见。换句话说，只要教育者，包括家长悉心观察，就可以经常发现婴幼儿闪烁着创造性萌芽的火花。只要我们对孩子收藏的宝贝稍加

注意，就会发现，那些在我们成人看来毫无用处的“废物”“垃圾”，都成了他们发挥创造性想象力的好工具。他们可以面对这一堆被我们看成是“垃圾”的玩意儿，花上很长时间而不知疲倦，这些正是婴幼儿创造力的具体表现。

美国创造性思维研究专家保罗·托伦斯也发现，3~5 岁是儿童创造性能力发展的高速时期，而 5 岁以后开始逐渐下降。家长需要认清一个现实：孩子的创造力并不是随着年龄的增长而增多。

在孩子萌生创造力的阶段，我们完全可以以游戏、实验的方式给孩子提供这样的生活场域。目标不外乎是，保持创造的热情，并且尽量延长这一时期。

另外，此实验室非彼实验室，孩子的实验室更像一个秘密基地。这个秘密基地并不需要一步到位，可以随着孩子年龄增长慢慢建立、慢慢完善。实验室可以根据自己家庭情况呈现多种形式，实验室的准则一定要提前规划好。例如，在和女儿建立实验室的这一年的时间里，我便在不断地完善实践原则。

1. 动手原则。呼应学前阶段不受时间限制、说走就走的“边玩边学”，延续上学后时间精力有限情况下的“动手中学”，满足孩子天性中喜欢“动手”的需求，并体验一种“动手去做”的快乐。

2. 体验原则。异想天开、大胆冒险、刨根问底，这是我女儿实验室的三大关键词。

3. 总结原则。几乎所有的实验都要有结论报告，简单的几句话总结也可以。

4. 支持原则。家长要始终保持欣赏的眼光支持到底。

5. 勿扰原则。要提前设置请勿打扰原则。（比如隔代人嫌把家里弄得脏乱，影响吃饭时间等。）

6. 展示原则。尽量做到成果展示，不论是一面墙，还是一个柜子。

今年，我女儿的小小实验室初见雏形，虽然还没有正式的名字，但是已经尝试开展了几个主题的实验——火山喷发、地壳运动、植物生长等。最近的一次，孩子和老师一起用了水、牛奶、苏打水、果汁分别种植植物，同时，将一部分植物放在阳光下，一部分植物放在黑暗的柜子中。孩子每周照料观察写总结报告，调整下周的实验方向。

这个小实验，在成人眼里很平常，但对于孩子，这个在求真求证中获得答案的过程真是快乐得不得了。可想而知，牛奶里种植的植物很快就臭了，戴着手套捏住鼻子的女儿发现了，这盆不仅臭，而且埋在土里的种子基本没有变化。而用苏打水和果汁水种植的种子虽然没有发芽，但是种子都变大了。接着，她就和老师展开讨论了。

这件事过去了好几天，她还是会突然问我，妈妈为什么果汁能把种子变大，但不能让种子发芽长大呢？我回应，你说呢？她说，因为有水分。我问，还有什么呢？她说，有糖分。

我逗她，你是不是早就想好了答案，来我这里就是想再验证一下呢？她见小心思被识破，大笑说，有时候我早就想好了，有时候我就是想问问你。

你看，孩子的心理就是这么有趣。身为家长，我在前文也提过，一定要提醒自己：避免给孩子提供过多的答案，更不要做孩子答案的终结者；时刻谨记，创新就是探索、发现、失败，再探索、发现、失败，再重来的过程。

孩子的小实验室，除了要满足他们对外部世界的探索和发现的需求，同时，还应该像一个乐园，满足孩子对自我内在的探索需求。

我女儿非常喜欢做手工，尤其喜爱做黏土手工。我和其他妈妈们聊起来发现，很多孩子都喜欢。在捏来捏去的过程中，孩子的手眼脑都在统合协调。我收藏了女儿做的很多小作品，不论是调色配色，还是造型的精致程度，都可圈可点。最近，我发现她的创作开始升级了。

有一个周末，我正在午睡，她自己跑到客厅鼓捣。我也不知道睡了多久，醒来后，看到她把一个作品端到我眼前，让人挺吃惊的。我有感于孩子在构建她的理想假期。是啊，毕竟疫情已经太久了，孩子在既定生活环境里待久了是需要抽离的，就像成人一样。她用白纸和黏土组合做了一个海边度假的立体场景：先在白纸上做好平面构图，再用彩泥捏制立体实物作拼合，惟妙惟肖地呈现了夏日海滩浴场的现场，大到游泳池帆船，小到太阳伞和人字拖鞋。作品既精致又逼真，从中我还看到了孩子的构建能力，从着眼于局部越来越趋于把握整体。

这个场景，让我想到暑期带女儿去看宫崎骏在北京今日美术馆的作品展，其中有一个部分专门讲他是如何创作一部动画片的。从概念草图，到故事分镜、场面设计、动画，再到美术草图，往往要花上几年时间才能搭建出一部动物画片。而一部 119 分钟的动画片，原创手稿竟有 148000 张之多。

反观我们的孩子，他们对世界的认识，也是从一个小的物品开始，升级到对一个具体的情景片段的刻画，再到有能力去表达一个完整的故事。这将是一个漫长的成长过程，中间每一步都需要不断尝试，不断失败，不断重来。

面对如今孩子拼兴趣班鄙视链，拼超前学习的白热化现状，恐怕很少有人能理解给孩子建一个科学实验室这样闲云野鹤般的学习有什么实际的意义。虽然被亲近的朋友笑称“佛系朝阳家长代表”，但我内心一直很坚定，我确信时间的力量。

这里，我还想补充的是，不一定非得是科学实验室，家长完全可以根据自己孩子的年龄和特点，建一间画室，建一间游戏室，建一个小厨房等。总之是给孩子一个可以放松、空闲下来的，可以自由探索的空间，或游戏的场所，以及和真实环境作连接的一个机会。

孩子的书包越来越重，学习的时间表越来越满，所以在家里给孩子营造一个自由呼吸、释放创作力的环境就更为必要了。

02

## 允许犯错失败、允许留白，是创造力的氧气

### 允许犯错，允许失败

“允许犯错”，这句话我在本书中还会数次提及。在“思考赋能”这章，我讲过自己受到领导安娜女士鼓励要去大胆犯错的故事。她的那句“除了知道方向，你还要带着大家去试错”，我一直记在心头，也影响着我对人的态度和管理的风格。

而我们这一届的家长，是否允许孩子犯错，甚至是失败，都将是一次现实的考验。

电影《少年班》以西安交大少年班为原型。里面智商奇高的天才故事并没带给我多少冲击，倒是苏小明饰演的吴未妈妈，一个铁青着脸，要求孩子必须赢的家长形象，深深让我感到窒息。那种来自母亲的威权和恐怖像是能爬出屏幕一样，引得大家集体“弹幕护体”。智商虽然不算超常，但条件良好的吴未，最后回归了普通人的生活。原因很多，但可以肯定的是，这孩子在成长的过程中是缺氧的。

关于创造力，我特别认同好友张晶春的看法，她说允许孩

子犯错就是创造力的氧气。她的两个小孩都处于小学阶段。在学校里，老师并不会因为孩子写对一道题的答案而打满分——写对答案仅占一小部分分数，老师更关注孩子是如何理解和思考的，是否有自己的论证过程。虽然这样做，对老师的要求很高，难度也很大，但这样才能培养一个完整的人。让孩子只做记忆力训练，提高做题精确性，考到高分，绝不是正确的教育。

在她的家里，除了涉及安全、健康和卫生的事情，孩子是可以任意去尝试的。在这样的环境中，孩子们不会因为犯了错而紧张，反而能通过错误，一起讨论原因，从而改进。身处美国洛杉矶尔湾的张晶春，没有纽约上东区妈妈们的焦虑，她的独立思考能力影响着自己的孩子，她鼓励孩子找到让自己舒适的节奏，进而更有自信地去尝试其他的可能性。

## 允许留白

这个暑期，除了疫情，另一个爆炸性的话题就是“双减”政策。虽然家长们评价不一，但在我看来，“双减”的初衷一定是好的，让孩子不再陷入一味地补课、一味地刷题的状态中。毕竟单纯追求正确率是短期的，绝不是长久之计。

而值得探讨的是，孩子之前被各种课程填满的时间空出来了，接下来该怎么做呢？

最让家长欲哭无泪的是，某些机构为了不退款，就把孩子的课转移到家长头上，让家长们先学起来。这个仿佛段子一般的解决方法，在各个家长群里形成讨论：有人说，家长必须陪学了；有人说，这是以家长的名义让孩子学习；还有人说，为了不上补习班，不仅不能生孩子，更不敢结婚了！说实话，除了弄明白机构的商业逻辑之外，家长倒是应该被提个醒——

1. 孩子到底是为谁而学？学习这件事能丢给别人吗？
2. 家长在孩子学习中的角色是什么？
3. 没有了这些课程，孩子们知道自主做些什么吗？
4. 家长能不能忍住，索性就让孩子的时间表留一些空白呢？

答案仍然是因家庭而异的。如果一定要给出一个通用的思路，我认为家长能力范围内可以做到的应该是：成为孩子创造力的肥沃土壤，帮孩子营造学习生活的大氛围，包括上述提到的允许孩子犯错的包容力，以及要有让孩子生活留白的宽容度，鼓励孩子勇敢地去试一试、动一动，使孩子找到让自己舒适的节奏、自信的感觉。这样孩子会更愿意尝试未知的可能性，也能获得保持好奇心和激发创造力的氧气。

在这里，我倒是很想说说几个画面。

画面一。忙碌了一天后，开车回家，到家楼下停好车，你却没有立即上楼。即使家人微信催你回家吃饭，孩子呼唤你回家陪他，你仍然想在黑暗的车里待一会儿，让自己这一天的忙碌暂停片刻。

画面二。孩子睡了，你躲进卫生间关上门，踏踏实实地上个厕所，然后慢悠悠地刷牙、洗脸、敷面膜、刷剧……仿佛在故意浪费时间一样，一抬头，时间已过去两个小时。

画面三。孩子站在小工作台前鼓捣了很久，不知道在干什么，你叫他，他也顾不上，仿佛听不见一样。

这些画面，是不是再熟悉不过？它们就发生在我们每个家庭里。这些生活瞬间的暂停就像留白一样，让我们能感受到自我的存在。

留白不仅仅是中国艺术创作中的一种表现手法，更是我们成人面对生活压力时给自我调解的卸压阀，更是孩子酝酿想法、保有想象力的空间站。

## 03 让孩子有机会发言，让孩子的建议有被采纳的机会

我的一位好友，三个孩子的妈妈，医学博士丸子在日本做全职妈妈。很多人说她是浪费才华的女性代表，但我是真心佩服她，带三个孩子（两个男孩，分别8岁和6岁；女儿1岁），并且没有请任何人来帮忙。虽然家中常会鸡飞狗跳，但大多数时间还是和谐的。两个正处于闹腾期的儿子没有被塞进任何补习班，放养着学习，成绩也都很好。我问她，秘诀是什么？

她说，除了让孩子在业余时间充分地玩之外，就是给孩子订报纸，孩子每天必做的一件事是给全家读报纸。

给全家读报纸，最直观的好处是朗读，增加了国内家长喜欢的“大语文”的基础训练；而在朗读积累的背后，也给孩子提供一个表达的机会，提供一个有机会发言的舞台。每天读报纸的时刻，读二年级的大儿子就是主角。他经常在读的过程中思考、提问，然后全家开始讨论。

好友的家庭教育方式我是认同的。除了认同她朗读和思考

一举两得的巧妙方法，我更认同的是一位妈妈对孩子的尊重，具体表现在对于机会的平等分配上，要知道家庭的氛围并不是单由大人来决定的。

为什么我还要在创造力这一章中反复地探讨家长要给孩子提供机会这个问题呢？且听我讲来。

我很少在文章中提到一些负面案例——一来是避免无效的废话，二来毕竟读者都心如明镜，但无奈这样的案例比比皆是，发人深省。

和我很亲近的一位朋友某天和我说，她太忙了，忙着熬夜给孩子做暑期计划！然后，她发给我一张安排满满的时间表。我看后，鬼使神差地问了她一个问题：这是孩子的计划安排，还是你的？过了很久她才回电话说：是我的意思。电话两端的我们都沉默了，我想我的提问应该已经触动了她内心的礁石，而我再接着说什么，都显得画蛇添足。

像这样的单向操作你肯定也见过。孩子在自己的成长和学习问题上，没有选择权、发言权，甚至是参与权，我觉得很心痛。

是孩子没有能力解决问题，还是孩子不值得信任呢？我认为，信任孩子应成为家长的一个重要课题。信任有时很简单，多给孩子一些时间，多提供一个机会，就可以了。

举一个实例。我女儿还不到 3 岁的时候，有一天在院子里和一群小朋友玩耍。他们突然想一起拉个大圆圈玩，但有的小孩必须要和某一位小朋友手拉手，有的小孩却绝对不和某位小朋友手拉手。这样的愿意与不愿意交织在一起，冲突必然发生。有一个小女孩站在旁边大哭起来，因为她非要和其中的一个孩子拉手，那个孩子却要和她绝对不要拉的孩子手拉手，她陷入了绝望之中。

旁边的家长们觉得好笑，其中人站出来给了各种建议，但是小女孩仍然大哭不止。那天，我女儿也在其中，我看着她突然走到那个小女孩的面前说："我站在你们中间行吗？"随后她一只手拉起小女孩的手，另一只手交给小女孩想拉的孩子中间，本来闹哄哄的现场，一下子安静下来，接着小孩们就跟变脸似的又笑着玩起来了。女儿的建议被小朋友们当场采纳了，我发现她玩得更开心了。

这件小事，我一直很有感触。孩子完全有处理事情的能力，他们每个人都有非常强的能动性，而他们的建议被采纳，无疑会在孩子迈向社会化的成长中增加他们的自信。

关于"意见被采纳"这件事，在女儿上小学后我还专门跟她探讨过。她告诉我，自己的意见被采纳了让她觉得自己特别重要。

孩子的这种心理是真实的，和成人的一模一样，也就是需要被看到，需要被尊重。反之，绝不应该因为是孩子的建议而先忽略，甚至是直接无视。

在家里，我会有意识地和孩子进行公开的讨论，引导她表达自己的意见。

前段时间，福岛核电站核污染的排放问题引起了大众的热议。当晚就这个尖锐的社会问题我和女儿进行了深入的探讨，当然，我的目的是听听她的看法。

孩子很专注地听完我的解读，提问，这些污水多过滤几遍行吗？我说，不行，因为最后还是有一种叫氚的物质无法过滤掉。

她听后陷入了沉思，很快就坚决地表态：“那我不同意！这些污水排入大海，鱼怎么活，北极熊怎么活呢？”我说：“是的，我们的生态将要受到极大的挑战！”接下来我们探讨，还有什么方式可以解决这个问题呢？她想了很多，比如冻冰，比如气化……一讨论发现都不行。后来我们一起听了科技观察家卓克老师的专栏，一起分析了卓克老师讲到的水泥法和钻深孔法等。孩子一方面因为有新鲜的方法而感到开心，一方面又因为这些方法受价格影响还没有被采纳的结果而失望。最后，卓克老师总结说，这件事要处理乐观估算大概也得 30 年。女儿脱口而出：“到那时我就 37 岁了，也许可以帮上忙了。”我回答：“很有可能，你会参与其中。”

临睡前，女儿又和我提起这个话题，她说要画一张画，把她的反对意见写在上面。“下次去日本的时候，我要在街头举起来……”过了一会儿，她又说：“妈妈你说大家不会笑我吧！”我说：“你很勇敢地表达自己，真的很好，在这件事上，没人会笑话保护地球的人。”

孩子终于安静地睡着了，我的内心还久久不能平静。我很清楚，这种不平静其实是源自一种无力感，一个人想在社会中起到积极的作用，遇到的阻力太多了，需要百折不挠的内驱力。这也是为什么我会单独把这个问题拿出来和读者探讨——一定要让孩子有机会发言，让孩子的建议有机会被采纳，最起码在自己的家庭中实践起来。

平等和尊重很容易被家长忽略，甚至会被认为学习更重要的家长抛诸脑后了。失去了平等和尊重，孩子将如何获得表达自我的机会，又何谈自主学习，调动内在驱动力，更何谈激发人类最初的创造力呢？

04

## 满足孩子好奇心背后的成因更重要

有经验的家长当然知道，孩子的好奇心和创造力是息息相关的。

但我为什么要提出满足孩子好奇心背后的背景更重要呢？原因有三：

1. 发明创造不是凭空而为的；
2. 创造力是基于自我诉求、环境因素，以及解决问题的；
3. 学习和创造能力同样在更新迭代。

如果说孩子的好奇心是一个“点”，而好奇心背后的成因则是一个“面”，那么只有对“面”有了通盘认识，创造力才能找到着力点爆发。

有了这样的认识基础，我们先来回看人类生存这件大事。

森林、草原、海岛、沙漠、北极，甚至是地下，人类在不断地适应着环境，发现什么问题就着手解决什么问题。森林树屋，草原蒙古包，海岛水屋……我们在旅行时，对这些都会有所了解。

电影《火星救援》里马特·达蒙饰演的宇航员在火星种土豆从而生存下来的故事，让我们为人类的想象力和创造力而惊叹。

同样，在BBC的纪录片《动物界的爱因斯坦》里，我们更会惊艳于动物的创造力，它们的智慧超乎人类想象。

再从建筑这个主题来说，1868年美国地图标注的河狸水坝至今仍然在使用中。河狸采用将树枝和石头混合在一起建造水坝的方法已经有数百万年了，而人类在20世纪20年代才发明一种加筋土的建筑技术，两者的原理是完全相同的。用两种材料混合在一起来提高抗拉强度，提高承受力，抵抗破坏力，同时大大提高建筑的强度。工程师缪勒博士在实验室里不断地做实验，他认为，未来的水利工程将会从河狸的建造方法中取经，让水坝既方便移动又非常坚固。

除此之外，几千年前的地下城也同样超乎我们的想象。

2019年，我们全家去了土耳其卡帕多西亚的德林库尤地下城。那是一张隐藏于地下70多米深，共有18层，每层的高度只有160—170厘米的地下蜘蛛网。站在极为狭窄的洞穴里，先生全程只能弯着身体，而到处跑来跑去探秘的女儿则不断地提问："人为什么要住在地下呢？他们是遇到了什么困难吗？他们怎么分配房间呢？他们怎么上厕所呢？这个石头是用来拴动物的吗？用大石块堵住通道就是家里的锁吗？有冷风吹来的方向就是通风口？”

其实孩子的问题正是当时人们面对的生活现状。

虽然很难找到太多的资料作为参考，对于地下城的起源和当时人类的生活模式也无从考究，但当我们深入这座目前已知的最大地下城时，仍然会对当时的土耳其人的智慧产生无限的好奇。在几个小时的探寻过程中，有些问题在现场就能得到答案，有些疑问只能留在心里。即使没有非常确凿的史料记载，我们也可以大致了解到，这座地下城是 7000 多年前的一个避难场所，最多居住过 2 万人。对于防灾避险，这样一座巧夺天工又尽留神秘的地下城，无疑是当时最行之有效的解决方案。

创造性的解决方案，一定是基于特定的环境，绝不是凭空想象的，而是极富针对性的。

大家都知道北京的最新地标是中国尊，高达 528 米，地上地下加起来一共有 115 层。每天接送孩子上下学的时候我们都会路过，孩子们也很喜欢探讨这座高楼，比如，什么人在里面上班，电梯快不快，如果着火了该怎么办啊。

孩子们的这些问题都挺关键的，毕竟这样一座新地标，应该代表了建筑师最新的视野、最新的思考和解决能力。通过查资料，我和女儿讨论分析了北京建筑设计研究院的首席建筑师邵韦平的设计理念。

针对消防问题，这座建筑本身便做到了“零可燃物”。也就是说，这栋建筑在施工建设阶段，没有使用任何含可燃物的建筑材料，在材料方面做到了完全不可燃。为了防止办公文件等可燃物引发火灾，在中国尊的第 105 层，还建有一个 600 多立方米的水箱，另外还有 5 个 60 立方米的水箱分布在楼内各处。一旦发生火灾等危险，马上就能做到内部自救。

而高楼里的电梯问题，建筑师采取了穿梭梯加上区间电梯的方式，就像我们从机场出来，可以先搭乘机场专列再转乘到城市各地。孩子一听就理解了，感叹这真是太方便了。

不难看出，不断突破我们知识范畴的一些解决方案，正是创造力一代代更迭的结果。

维珍银河的理查德・布兰森、贝索斯、马斯克，他们的飞向太空的项目，虽然被评论为昂贵的有钱人游戏，但这也是人类对太空的不断探索。

我在本书开始便提出，我们今天培养的孩子是面向未来的人才，我们应该试着向孩子提出问题，现在是 2021 年，那到了 2031、2041 年时，我们将要面对的问题是什么？是新的能源问题，还是环境问题？自己和世界的关系又将是什么样的？

写到这儿，我相信很多家长会觉得，眼下的内卷还让家长处在水深火热之中，眼下的“双减”还让家长无所适从，哪有体力思考这样复杂的问题，尤其这些自己一生恐怕都很难想明白的事情。但我仍然认为这是非常必要的，要知道我们的孩子面临的世界已经和我们面对的完全不同。越是在不断变化的时代，我们越应该回归内核，帮助孩子找到创造的原动力。

我想起探月学院的创始人王熙乔在一个采访里，被记者问到未婚的他未来会如何做父母时，他说：“我想我们应该对一个人的成长要有足够的敬畏，对未来有足够的敬畏，不要让自己成为孩子的天花板。”

05

## 让孩子全面发展，不要禁锢其创造力

孩子的时间有限，家长陪伴的精力有限，家庭的金钱分配有限，在这几个前提下，孩子是跨学科全面发展，还是专项发展，是大部分家长都纠结的一点。尤其在看到别人家的孩子表现突出时，大部分妈妈难免感到焦虑。

写下这一段的时候，我心里的另一个我在说：“纠结的时候，你就是一个焦虑的妈妈，而不是一个清晰有远见的教育工作者妈妈。”

为什么这样说呢？

前段时间陪女儿参加暑期游泳班时，传说中的“别人家的孩子”惊艳了我。一群七八岁的孩子个个在水中翻滚，教练的秒表按下时，少年的生机活力喷涌而出。教练介绍说，他们从四五岁开始游，成绩已经赶上高中毕业生了。我不由得感叹，真是时间花在哪儿，哪儿出成绩啊！然后……我心里竟然在起伏，要不要跟着“卷”起来？

当然，我的理智脑立即启动提问自己，在低年龄阶段这样大规模地进行专项训练，真的适合每一个孩子吗？

冷静思考后，我的答案是：不。

站在孩子游了一圈又一圈的训练池边上，望着快速泳道里未来泳坛的小将们在老师的秒表下拼杀冲刺时，我突然感慨，追逐成绩之外，最难能可贵的是孩子们的拼搏精神——那种敢拼、敢比、不放弃的劲头，或许才是大部分普通孩子应该培养的。我的思路一下子捋顺了。奥林匹克格言是“更快、更高、更强”，还有新提出来的“更团结”。我们的孩子或许很难成为万里挑一的冠军，所以我们更应该将目标回归核心，在孩子早期的基础教育里，通过运动、学习、玩耍，传递给孩子“我可以”的信念。

只有减少了不必要的焦虑，家长才能清醒地找到家庭教育的重心。

邓亚萍采访郭晶晶时提问：“你会让自己的孩子练跳水吗？”

郭晶晶说：“应该不会。第一，香港没有一个真正的跳水场可以让你去训练；第二，可能因为我没有读太多书，所以我想让我的孩子好好读书。”

郭晶晶的回答，我认为非常真诚，透露着她在经历了非凡训练、万里挑一的成功后，站在生命巅峰再回看人生时的理解和感悟。她个人通过了国际泳联的裁判培训考试，退役后从冠军、豪门儿媳妇、三个孩子的妈妈，转向跳水比赛评委。当她有能力赋能下一代的时候，她选择直接回归原点。

年龄小 8 岁的苏炳添，运动生涯所处的时代与郭晶晶所处的已经不同。苏炳添不仅是运动员，还是暨南大学体育学院副教授、北京体育大学体能训练学院博士研究生。

2021 年的东京奥运会上，男子 100 米半决赛中，中国运动员苏炳添以 9.83 秒刷新亚洲纪录。就在我们为这个成绩而感到震撼，为苏炳添感到自豪的时候，一篇关于苏炳添的论文《为什么中国男子百米跑能跻身世界前列？》进入大家的视线。在这篇论文中，科学训练、良性团队竞争模式、“接力促单项”策略，以及提升运动员素养等内容都让人印象深刻。如果没有这样科学系统的训练，在国际田径赛场，中国运动员很难颠覆“身体条件不适合”等传统认知。苏炳添不仅是国家的骄傲，更是体育传承与创新时代的一个经典案例。在这个案例中，我们可以很清晰地看到教育的变化。一个运动员的批判性思考、写作能力、体育创新性探索，都在助力运动员更长远的发展。

那么，教育的过程是什么呢？吴军老师在《硅谷来信》里写道：教育的过程是拓展一个人认知边界的过程。

如果世界是一个圆，孩子的探索一定是无限拓展的。正如我们第一章提出的：学龄前可以花大量的时间走走看看，触摸着了解世界；而在小学阶段、初高中阶段，仍然是有方向有计划地去拓展认知边界；甚至到了大学阶段，都应该先将通识课程上完，再去选择相关专业。

2020 年夏天有一则新闻，说某个省高考文科第一名，清华和北大都没有录取，因为她有两个选修科目的成绩是 B。有人觉得这孩子太冤了，但吴军老师写到，清华和北大的做法是合理的。理由是，如果其他学生都放弃选修科目的复习考试，集中精力复习数语外，或许成绩会比她更好。而这件事也表明，中学教育仍然需要全方位发展。

在今天的“双减”政策下，减什么、不减什么、加什么，成了家长们的新问题。那我们更有必要弄清楚基础教育的目的是什么了。

吴军在《硅谷来信》中总结了基础教育的古今变化，他写道：“我带你观察一下古代文明的基础教育。例如古希腊的军事化城邦斯巴达，孩子直到 12 岁之前，都是在军事学院锻炼身体素质和战斗技能。但同时，斯巴达的孩子们还要接受大量的阅读、写作和算术的教育。为什么呢？因为斯巴达没有多少战士，每一个战士都需要以一当十，因此就必须成为‘聪明的士兵’。而在古代雅典，即使偏重法律和音乐，孩子也仍然要进行阅读、写作和算术的教育，同时也要进行体操和田径训练。到了古罗马，小学教育分成了两部分：第一部分的基础内容是学习拉丁语和希腊语，接下来要学会总结观念，练习口头和书面表达，最后要通过对生活经验的学习来理解社会；第二部分是所谓的四等分教育，也就是算术、几何、天文和音乐。你仔细看，其实有一点点类似于文科和理科，但他们的要求是小孩子这两方面都要学。观察这些基础教育的内容，你会发现它们有一个共同的特点，就是在基础教育阶段，强调教育的全面性。在接受了全面的基础教育之后，每一个人就对周围的世界有了一个全方位的认识。”

而基础教育的功能是让人获得在这个特定的社会中生活所需要的最重要的一些东西，包括形成对世界的看法，学会一些基本方法和工具，以便于将来继续学习具体的技能。有了这样的基础，再结合孩子的天性，利用丰富而多样的学习和生活，打造孩子创造力触类旁通的乐土；否则，今天的孩子会直接告诉你，没有创新的学习太无聊了。

创造力应该当成慢变量来培养。一些跨领域研究表明，杰出的创造力在浮现之前大约需要十年的沉寂期，被称为“十年规则”。也就是说，创造力在发生“质”的变化之前需要很长的时间。培养人才本来就是百年树人的事，所以，家长只要做好“十年磨一剑”的准备就好了。

我非常喜欢王熙乔在一个访谈中说的一句话，我们教育孩子就是为了突破自己。我想这更应该是今天家长的格局。

Chapter

4

# 学习赋能

认识自我和世界、获得幸福感，
是学习的初心和终点

学习是我们这一代家长最“上头”的事情。毕竟前有“学海无涯苦作舟”，现有“双减”，不论是精神意志，还是目标任务，聚焦的都是学习。

比如我，女儿刚升至小学二年级，有一天我竟然被姐姐家书柜上的一本小学奥数集锦吸引得“流连忘返”，捧读良久……千万别以为我甘之如饴，实际是头痛医头脚痛医脚，战略性地替孩子爸爸选书进补。全家人都被我逗笑了，一位平和的老母亲竟然如此心机，要先“鸡”老公了。

开个玩笑，我们言归正传，据说这本书是姐夫的提神醒脑之书！姐姐说，姐夫工作累的时候，会用一本奥数书来转换心境，激发灵感。我头一次听说成年人还有以做题为乐趣休闲的。不过，这倒是点醒我，让我明白一个道理：寻找到乐趣的事谁会说枯燥无聊呢，有乐趣的学习谁又会说是苦海呢？而我本以为在“终身学习”的姐夫其实也并不需要用“伟岸”来形容，他闲来做奥数题跟别人爱运动爱画画并没有什么两样，一句话总结，都是用来化解生活沟壑的。

这个来自地图上某个小角落的家庭的故事，听起来却颇有几分启发。

我在反省：学习应该被认定是孩子的难关吗？家长真的逃不掉焦虑孩子学习这事吗？现在市面上有太多的书手把手地教大家，如何攻克学习难关，如何备战学习技术技巧……书的效果不好评判，但是这一届孩子面临的考试格局正在发生变化，他们不会再将学生阶段所有的气力积攒下来，只为翻过考试这座大山，然后被动地面临忙碌、盲目和茫然的冲击，被动地接受命运的审判。

在认知上多了一层思辨作为基础后，我对于学习的目标还是非常好奇，于是又跑去研究精进聚焦学习的目标这类问题。但很快我发现，课堂教学目标和家庭教育目标完全不同，不应该混为一谈。家长应该信任学校和教师的课堂教育；同时，在家庭教育里不缺位、不偷懒，不遗余力地帮助孩子。这样才能做到家校教育有效补足。

让孩子在低龄阶段的成长有更多的自由空间，因而我更鼓励同道家长提早捋清关于孩子学习的几个核心问题，方为上策。

一、我们为什么而学？

二、我们是要重技术之学还是战术之学，怎么去做重点分配呢？

三、家庭教育里，鼓励孩子怎么学才能对他的成长有长期效果呢？

四、蓄学习之力，我们终将赋能的是孩子的生命之力。

01

## 学习的初心，我们到底为什么而学？

写到学习这一章，大家应该发现了我并没有使用孩子作为主语，而是“我们”，正如中国的老话所说，“活到老、学到老”。但又恰如人本主义心理学家亚伯拉罕·马斯洛所说：“生活的全部都是教育，每个人都是老师，每个人都永远是学生。”回顾自身经历，成年后，我们每一天不都在体验有限生命里的无限张力？我们和孩子最大的区别只是在于脚下的起点不一样，孩子从人之初开始，我们从脚下的每时每刻开始。

除了明确“学习”不光是孩子的事之外，在本书的序言里，我还提出了自己养育孩子的基础心法：要以终为始，要以始为终。这句话，不是一个具体的公式，也不是家长们面对孩子考试不及格时的速效救心丸，而是孩子在漫长寻宝路上必备的一把通关钥匙。以“寻宝之路”来喻人生，是因为我喜欢看《鬼吹灯》——在历史故事的基础上，集神秘、惊险、勇气、智慧于一体，投身于未知环境里冒险寻找宝藏。而孩子，只是暂时还不知道自己人生的宝藏在哪儿，不确定环境有多少意外。但确定的是，从出生到上幼儿园、小学、初高中、大学，离开父母渐行渐远，成为独立的自己，孩子在面对未知时，要运用毕生所学，以及勇气和智慧，缺一不可。

所以，在孩子踏入启蒙期，蓄力开始学生生涯时，家长首要的是明确自己教育和学习的初心，知道我们为什么而学。

为什么而学呢？每个人都应该有自己的答案。但这不是一个容易回答的问题，起码它在我的头脑里盘旋了不知几个春夏秋冬。

不学习，难道还有其他选择吗？学习不就是学生天经地义要做的事吗？学习就学习，没必要谈什么为什么吧？如果学习只是为了学习，如果学习是死板的事情，那我可以负责任地回答，你低估了为什么而学，建议你跳回思考赋能这一章再去看看。

是为了找个好工作就业吗？这个答案在家长群里讨论得最多，也最质朴。从现实意义来说，有一个好的工作起点当然是幸运的。但是，今天的商业环境变化是剧烈的，我们没有办法预测未来会发生什么。比如从美国哥伦比亚大学精算硕士毕业的呼兰，自嘲真没算到自己会成为一名脱口秀演员。并不是他学的知识过时了，而是在外人看来再好的专业能力，也敌不过兴趣的力量。

是为了投资回报吗？我倡导教育是对孩子最重要的战略投资，越早越好，但教育投资和金融投资最本质的区别，前者不是为了资本回报。有同行教育者问我，你养孩子一直够下血本的，投资回报率（ROI）怎么算呢？我坦言，我重视教育投资，却不会坐等回报率。我会自问，我有本事做到投资孩子的是“阳光、水和空气”吗？将孩子培养成为健全人格的人，这样的目标又该如何估算呢？

是为了成为人类高质量精英吗？说实话，一个人成为谁都挺好的，前提是他要知道“我是谁”。所以，我基本不会用这样的标签名词束缚住教育应有的格局，以及局限孩子成长的可能性。前几天，看着我们国家神舟十二号的三位宇航员在空间站停留 90 天，刷新中国航天纪录，顺利返回地面的瞬间，我内心反复思考教育的意义。成为一名闪闪发光的得体的都市精英挺好，但挑战自己成为一名或许孤独多于繁华，或许失败多于成功的创造者、贡献者虽难但更好。

美国著名教育心理学家戴维·珀金斯在《为未知而教，为未来而学》一书中提出同样的问题，虽然最后也没有给出结论型的答案，但他提出了生活价值（lifeworthy），意思是“对学习者的生活有意义的知识才具有长久的生命力”，极富启发性。以我自己为例，我天性开朗，并且一直颇受命运眷顾，而身为人母后，心智越成熟越能共情人间实苦，进而懂得敬畏生命、敬畏自然。所以，以我有限的学识和人生体验，我更认同的是，真正的为什么而学，是面对未来时，孩子可以安放自己的兴趣和价值，在真实的环境中有能力生存下去，并且有能力获得生命的幸福感。这是我个人的真实思考过程，是我认可的学习初心。

回到我经常说的那句话，教育是因人而异、因家庭而异的，不同的家长对未来的勾勒也是千差万别的。史蒂芬·柯维在《高效能人士的七个习惯》中提到的第二个习惯——以终为始比较有借鉴性。其精髓非常清晰，即个人、家庭、团队或组织在做任何计划时，均应先拟出愿景和目标，并据此塑造未来。完成所有事物都要经过两次创造，第一次是在脑海里酝酿，第二次才是实质的创造。这一点，我认为在教育中更适用。这里就涉及如何和孩子一起设立一个愿景，同时在行动中，如何协助孩子真实地去搭一座通往愿景的桥。那么，化繁为简的方法是，把人生理解成一段一段的旅程，把大问题拆成一个一个小问题，每个阶段完成每个阶段的目标，包括我们的大脑、身体、心灵，然后再走向下一程。

当然，你也许会反问，活那么累干什么，不去刻意想这样复杂的问题又会怎么样呢？我想说，当然可以。教育本就如同西天求经，一路上九九八十一难。如果没有信念，没有目标，没有团队支持，那么路上随时有可能放弃，中途摇摆纠结，无处安放的焦虑也会和你如影随形。所以，既然在陪伴孩子成长的过程中，我们经常会跟孩子去讲 how（如何做），不如也多问问自己 why（为什么）；既然我们总希望孩子能调动他们的内在动力，不如先问问自己的 inner motivation（内驱力）。

02

## 打开五感去学习，保持大脑、身体、心灵三合一

在第一章人生底色赋能中，我提到了五感初启蒙、激发感受力的实际意义。在孩子的生命早期，五感（触觉、听觉、视觉、嗅觉、味觉）正值黄金发育期，正全面打开与自然世界相联结。不得不说这是人类的智慧，孩子从一出生，便开始了大脑、身体、心灵的全面蓄力。

而在学习赋能这一章，我再次强调，打开五感去学习的意义。

去年有一部非常火的纪录片，是两个孩子的妈妈、记者周轶君导演拍摄的《他乡的童年》。好朋友和我分享，她看芬兰那一集掉眼泪了。她的孩子是一个好动调皮的男孩，因而她感动于芬兰教育里对那些让人头疼的男孩的包容——孩子们有的坐着，有的躺着，有的倒挂在座椅上，但老师并没有纠正他们。

有了孩子，家长便成了最能共情的那拨人。那一集我也很喜欢，孩子们或坐或躺的状态非常放松，画面十分动人。但是教学课堂的风格更多地是由老师和学校来决定，身为家长首先要坦然接受，其次是关注孩子的松弛状态，在我看来这才是关

键点。

我的朋友前段时间带着孩子从美国回国，经历了疫情隔离等一系列过程。安顿好后，孩子到一所著名的公立小学报到，成了一名插班生。可想而知，从英语环境突然进入一个高标准严要求的中文环境中，孩子的不适应表现得很明显。但是这位妈妈的化解方法很独特：每天放学后，她并没有像其他家长那样把孩子送进补习班，猛抓写字、认字等基础，而是天天带孩子去公园里喂喂鱼、爬爬山，玩累了便席地而坐，看看书、写写字……她的做法在我看来真是充满了智慧，更让人心生几分佩服。每次我见到这个孩子，从来不会觉得他被各种适应和磨合挫败蔫了，反而可以感受到他散发着欢脱而放松的成长气息。之所以特意把这位高手妈妈的故事写出来分享，是因为她太懂得让孩子先到大自然里蓄力了，她深刻明白，只有身心放松的孩子才能健康强壮地面对挑战。台湾著名教育学家刘弘白博士说，学习能力是由感觉动作、听知觉、视知觉三大功能决定的，感觉运动能力决定着学习能力形成的品质和成败，甚至可以说运动是智慧的开端。

前文中，我提到过 2019 年我去德国耶拿探访森林幼儿园的一段经历。在寒冷的冬季，孩子们每天会按计划全副武装挺进森林深处，一路滑着冰摔着跤地前进着，虽然小脸冻得红红的，有的甚至还流着鼻涕，但他们脸上露出的要去探秘的兴奋感是掩饰不住的。虽然天天都去，但森林每天都在变化呀。穿过一大片的土地抵达森林，他们找到自己搭建的小木屋，去完善建筑；在树桩之间跳来跳去；沿着树干枝杈像小猴子一样攀来爬去……放松身心舒展玩耍后，老师会组织森林课堂边玩边学，大自然随地都是道具，松果、树桩、枝丫都能丰富学数学的场景。

所以可以想象，当我在《他乡的童年》里看到老师运用自然形成学习场景，感觉真是又熟悉又感动。芬兰的老师会给学生发色卡，让他们根据颜色去森林里寻找和发现；遇到那些难念难记的植物，会鼓励他们发动想象力给植物重新起名字。是的，谁说植物名字是标准化的呢！当孩子们懂得用味道、感觉、其他感官去理解植物，不论是演绎归纳，还是融会贯通，都能让孩子掌控大脑，锻炼身体，增加心灵感受力，同时，还有助于他们形成理解世界的方法。

针对孩子的专注力，法国教育心理治疗师奥德蕾・阿孔和伊莎贝尔・帕约在两人合著的《如何学孩子更轻松》一书中介绍了维托法。这是 1890 年由罗杰・维托茨医生发明的，主要是通过五感感知力的小练习来提高孩子大脑的接收力，进而恢复大脑平衡。他写道:“你看看周围，让看到的各种颜色和形状都进到脑子里来，但是要让大脑休息哦……让听到的声音进来，感受它在你身体里的震动……不要思考，让气味进来……让手摸到的东西进来，大脑继续保持冷静！”练习时，需要向孩子解释清楚，这么做的目的是让大脑不思考，不浮想联翩，从而得到休息。我们的大脑有两大基本功能：接收和发散（例如思考和推理）。如果孩子的大脑一直处于发散状态，他就会一直不停地思考各种各样的事情，就没有空间来接收外界信息。相反，孩子的大脑如果一直处于接收状态，就会被接收到的外界信息全部占据，从而没有空间来发散思考。所以，作者从心理治疗师的角度明确指出，在自然里提高感受力最大的好处是可以让孩子保持大脑、心灵、身体三合一，处于正面的学习状态中。

今年“五一”，我们全家去广州旅行，好久没有旅行的孩子特别兴奋。广州不仅是美食天堂还是花都，短短的三天小行程，让孩子印象深刻的不是玩疯了的长隆水上乐园，而是遍布广州大街小巷的凤仙花。原本觉得凤仙花平平无奇，但女儿听到我说这种花可以染指甲时，脸上露出了惊叹的表情。在她的追问下，我讲了小时候奶奶用凤仙花给我们染指甲，但是颜色不好看特别失败的故事。这让她愈发好奇了，跃跃欲试，非要染一染。她还给不同颜色的凤仙花起了不同的名字，有的叫红指甲，有的叫粉指甲。因为凤仙花是广州马路边种植的观赏花，我们只捡了一些掉在地上的花朵，数量不够，颜色也不统一，回酒店试后以失败告终。没想到的是，后来回到北京，她总能留意到凤仙花，每次都亲切得像遇到了熟人一样介绍给大家：你看这是红指甲啊！有一次，孩子还提问我，为什么凤仙花的颜色没有美甲店里的颜色丰富呢？她甚至还琢磨，是否可以培植出来染色效果更好的指甲花来……

植物动物，山河江海，大自然给孩子留下的记忆真的很独特。不论我们身处的地方是靠近森林、海洋，还是平原、高原，不同环境下生活的孩子都可以以独特的方式去理解植物和动物，理解自我和他人。面对未来，他们理解世界的角度，以及解决问题的能力也会因此更富有独创性。

深受卡尔·威特教育思想的影响并培养出了天才女儿的威尼弗里德·萨克维尔·斯托纳，在《斯托纳的自然教育手册》里前瞻性地提出了自然教育的30条宗旨，其中第10条是“将大自然作为第一位老师”。我认为这条宗旨有着深刻的含义，值得家长们在孩子早期启蒙阶段就加以重视；同时，在孩子步入学生时期后，家长仍要持续地将孩子的大脑、身体、心灵与自然结合起来，让孩子保持流动的、有活力的学习状态，保持自然灵动的感受能力，保持健康良好的情绪，这才是孩子成长的基石。

也许有人会困惑：孩子在学校里的课堂是静态的，要怎么保持学习的动态呢？我想说，家庭教育正好给了我们机会，把家庭教育的时间充分利用好，发挥自己的优势就够了。要知道，孩子天然就会运用这些自然的信息去学习，我们只要顺应他们的感受并提供合适的土壤就对了！

03

## 沿着好奇心去学习，养成真实的自我和个性

你是不是也经常听到很多家长这样评价孩子：“我的孩子太有个性了，不好管啊！”太有个性这句话听起来颇有亦正亦邪的味道，家长们一方面希望孩子独一无二，一方面又希望孩子别太出挑了，毕竟在中国人的中庸思想里，枪打出头鸟，太出挑未必是好事。

但是，今天的家长们潜移默化地越来越倾向于让孩子更有个性，更有主见，更敢于表达。我完全支持，只是在家庭教育的方法上，我更倾向于鼓励孩子沿着好奇心去学习，养成真实的自我和个性。因为，没有谁比家长更了解自己的孩子了，也没有谁比家长更能灵活地安排孩子的时间，帮助他们在自己好奇的人事物上无限拓展。

特别提炼出来“沿着好奇心去学习”这个技巧和大家分享，是因为我被一个孩子的钻研劲头深深地打动了。这绝对是依靠孩子内驱力最好的学习方法，如果家长忽略了，或者还没有加以重视，就非常有必要多关注关注孩子。

下面我要着重讲讲这个小男孩的学习故事。

今年的“9·11”，是我接女儿和小伙伴们放学路上，从他们几个的聊天中听到的。还没来得及感慨刚升到二年级的小学生竟然已经开始聊这么复杂的主题，就被他们一人一句的现场复原描述惊呆了。我一问，原来他们在上学路上看了同学妈妈播放的一个“9·11”小视频，然后他们在学校课间画了飞机撞世贸中心大楼的图，放学的路上还在继续讨论。由于我坐在前排，孩子们就把手里的画都递给我看，其中一个男孩画得尤其清晰。在他指给我看的画里，有飞机折翼的细节，大楼摇摇欲坠的动感，以及地上的废墟。他还补充说：“阿姨，我这个颜色不太对，楼体的玻璃是蓝色的，被撞后掉地上应该变了，我要改一改。”后来，他们分析到，最致命的问题在于大楼主体的钢结构在火灾中引发的灾难性后果。这是第一回合。

过了三天，还是我接他们放学的车上，这是第二回合。这次，男孩手里又拿了一张画纸，非常开心地给我看。我一看，哇，还是“9·11”的故事。我问他，你还在研究“9·11”吗？他笑而不答。但这次画纸上的内容真是惊艳我了。他采用了逻辑分析法，并用树状图记录了所有核心的问题点，具体到线路、时间、损失。A 架飞机，在 × 点 × 分，在 × 位置撞击世贸大楼；B 架飞机，在 × 点 × 分，在 × 位置撞击五角大楼……他在图中清楚地做了分析和对比。你肯定会说，是不是家长教的啊，或者他就是一个擅长逻辑思维的孩子！不管孩子受到过什么影响，我看到的是他对一件事情强烈的探究欲。

事实上，我没想到还有第三回合。又过去了十几天，中间甚至还有一个小长假，我都快忘了，但在接他们放学回家的车上，男孩又递给我一沓子画纸，说要给我讲他画的电影。我拿来一看，天哪，原来孩子将他大脑中的“9・11”编成了一个电影小剧本作品。我耐心地听他讲着：这是 ×× 电影公司出品；接着是导演 ××，画作人是 ××（他自己）；故事发生在 2001 年的 9 月 11 日，美国纽约；再然后是……（他再次描述故事，细节越来越丰富）；最后还不忘加上“the end”。孩子讲完了就转头做别的事了，留下我因为他的故事发了半天呆。

“9・11”恐怖袭击事件，在成人世界里很痛，对于孩子来说也不是一个容易输出的课题。但是它在这个男孩的好奇世界里鲜明地存在了半个月之久，也许更长：从用画画来直观展现，到用思维导图来分析，最后演变为编电影小剧本。在他一次次完善他的思考时，我所看到的是一个孩子正在被好奇心驱动着，使出浑身解数，围绕着问题反复探究。

这里我想多说说思维导图，它是 1970 年英国心理学家托尼・布赞发明的。我们的大脑并不是把想法一个接一个地排成直线，而是会把各种想法交织在一起，让它们同时进行，形成一张活跃的、发散的网……7 岁的孩子就能运用思维导图来解剖自己的提问，画出大脑在思考时的地图是非常了不起的。我特别感谢这个平日里总是爱笑的孩子给我的深刻启发。

发展心理学家早已获悉，孩子的学习能力相当惊人，甚至有人认为，孩子与科学家使用了同一种极有效的学习技能。我们应该早些知道，孩子非常擅长沿着好奇心来顺藤摸瓜展开学习。如果遇到这种时刻，家长一定不要嫌烦，而是要重视起来，并给予必要且充分的支持和鼓励。很多家长看到这儿，可能会有些气馁，这分明是别人家的孩子啊，而自己家的，好像就知道疯玩。真的是这样吗？

牛津大学心理学博士，首位从儿童意识角度深刻剖析哲学问题的心理学家艾莉森·高普尼克在《孩子如何思考》一书中提出，孩子是热爱学习的。他们仅凭观察周围事件展开的频率就能进行学习。婴儿会开放地接纳广阔世界的所有丰富内容。他们会注意到任何一件新颖、意外的事物和任何他们可能从中学习的东西，他们也会主动地采取行动来学习。在玩耍时，孩子会主动地对周围世界进行实验，并依据实验结果来改变自己的想法。借助于自己所观察到的事件频率和开展的实验，孩子将建构有关周围世界的因果关系图。孩子所认识和学习的不仅是现实世界的知识，还有心理世界的知识。

学者艾莉森的研究是具有前瞻性的，看起来虽然和我们今天对教育的焦虑，对孩子成长的认识并不是全部吻合，但她的理论无疑给家长增添了必要的信念，要尊重和相信孩子的小宇宙。

今年暑假，我带孩子去了国家博物馆。说真的，太累了，展馆非常大，日均步数以万为单位计算；而且给好动的孩子讲什么都显得“为时尚早”，孩子们感兴趣的是能互动起来的。在逛古代服饰展的时候，女儿显然被多媒体的试穿互动环节吸引，一口气从魏晋南北朝，换到了隋唐明清……可设备没那么“听话”，所以，她一会儿男装，一会儿女装，穿越得不亦乐乎。玩了很久，但她依然没有弄明白各朝代服饰的特点。

为什么这么说呢？一个多月后，女儿要求我：“妈妈你能再帮我约国家博物馆的古代服饰展吗？”我问：“哦，为什么呀，不是刚看过吗？”她解释了一番，原来是因为中秋节，老师鼓励大家穿古代服装去学校猜灯谜，结果全班除了她穿的是丝绸小旗袍，其他同学都是各种古代服装。女儿看到有的同学系扣子就弄了半天，合影时她还帮一个男同学扶了总歪倒的帽子，她说帽子近看做得好逼真啊，所以，她很想弄明白大家穿的到底是哪个朝代的服装。我听完，当着她的面就开始预约，但是很不巧近期都没有名额。孩子的眼神有点黯然，于是我从网上找了一些图片，但她觉得不够清晰，我想了想信息也不一定真实可信。正要放弃的时候，我想起来可以到图书馆去借书啊。疫情期间，在北京约图书馆也非常难，幸运的是，我约到了最近时间的名额，并且很快拿到相关图书。

我们拿到的图书虽然是成人版的，但胜在参考图片非常多，而且信息准确、有史可循。图书馆的工作人员看到我女儿兴奋地翻看《中国服饰史》时，惊诧地说："头一次见这么小的孩子对这些感兴趣，她一定很喜欢历史，你要好好培养孩子啊！"其实，我也很难确定孩子是否真的喜欢古代服饰历史，但抓住孩子兴趣的时限，很有必要。

关于孩子沿着好奇心学习，家长肯定会提问，孩子的兴趣家长到底要过问多少才合适呢？孩子因好奇心做的有些事在家长的心中不值得做怎么办？毕竟我们身边都发生过这样的事，孩子拿着自己昂贵的乐高换回来一些要么破损要么廉价的地摊小玩具。家长虽然不会当面吐槽孩子，但是谁不心疼钱啊！

关于这个问题，前几天我也自我修正了一次。女儿学校要报选修课，有网球、篮球、啦啦操、非洲鼓什么的，都挺不错的，但孩子兴奋地跟我说："妈妈我要报手工布艺！"我心里当时就七上八下起来：手工？画画课每天都在做呀，网球我们刚好想学，我刚咨询完网球课价格还挺贵的……我意识到自己非常想说服孩子选网球。但是，这一念闪过，我马上提醒自己，要听听孩子的想法。孩子说："妈妈我做了三个排序：第一是手工布艺，因为我太热爱手工了，想想都兴奋；第二是网球，我觉得运动也特别好，但是我担心人太多了不一定能选上；第三是非洲鼓，好像报的人很少，我担心音乐老师会伤心。”听孩子这么一说，我知道应该放弃的人是我，说到底，兴趣的驱动才是唯一的衡量标准，孩子每周都期待上课的心情，难道不是最应该鼓励的吗？后来，我很坦诚地告诉孩子：“虽然和妈妈想的不一样，但是你选得特别好，加油去学吧！”

事实证明，每周手工布艺课后，孩子都会滔滔不绝地聊她做了什么，是怎么做的，兴奋的心情可以延续很久。这种动手的活动在孩子心中等同于游戏，可以增加孩子的“心流”时刻！著名的心理学家米哈里·契克森米哈赖提出：在进行某种创造性活动时，完全投入而忘记时间和地点，从而升华出快乐情绪的心理体验就是“心流”。当你在这些活动中变得更加熟练时，你的大脑会充满血流，也会产生能量、清晰的思维和乐观的心态。

结束这一节写作的时候我正在咖啡馆，恰好又看到了常见的一幕：一个孩子拿着书不停地问喝咖啡的妈妈问题，这位妈妈面对孩子的提问始终没回应，而让他自己看。我想也许她也不知道答案吧，只好打马虎眼对付孩子。此时，我既理解她，又为她感到可惜。在孩子求知的路上，如果我们没空付出更多的时间，那终将难成孩子的良伴。当他需要帮助却不再来找你时，待你想了解他的时候，孩子有可能已经变得陌生。

04

## 到互联网世界中去学习，跟“有害者”学习

前文一直在倡导自然养育，在这一节我要来说说互联网学习了。大家想一想，是不是我们养育的这一代孩子和互联网的关系比任何一代的都更密切？这种密切的关系，一方面提醒我们，要花更多的时间回归自然，体验不插电的快乐；另一方面更提醒我们，孩子和科技世界、网络本就是一体的。

尤其随着年龄的增长，孩子和网络的关系越来越亲密，甚至是难舍难分。当我亲眼看到路边几个七八岁的孩子在等校车的时候，头挤头、忘我地打游戏，我太理解家长为什么头疼不已了。近期，国家新闻出版署发文公布控制未成年人玩网络游戏的时间、时段和时长，虽然评论各异，但效果挺明显，我听到好几个家长说，现在孩子只会在周末和家长提要求了。

看到孩子沉迷网络，家长难免会设想“网络是有害的”。那为什么我还要专门来讲在互联网中学习的必要性呢？难道是学打游戏吗？当然不是。

为此，我特意追忆了一下我家的第一台电脑，大概是在

1992年，我15岁那年。经过全家开得最认真的一个家庭会议，大家商讨后，花了8000多元巨资购买了清华同方电脑，这台电脑一度改变了我和我姐的学习生活状态。为了跟得上写文章的脑速，我还专门训练了打字速度；我的第一份写得像诗歌一样的求职简历便是在这台电脑上完成的，并且顺利求职成功。

多年后的2020年，6岁的女儿拥有了自己的第一台笔记本电脑。背景是因为疫情学校停课，不得不将所有的课程改到线上。当时我和先生都没在孩子身边，只好买了一台电脑快递到了国外。由于是全英文系统，所以姥姥也帮不上忙，先生只好通过网络视频电话，花了几个小时教会女儿安装电脑、下载软件、连接网络，由此顺利展开了后来的网络课程生活。

上述是我们一家两代人和互联网的初次见面，时代背景不同，年龄段不同，但相同的是电脑和网络正在帮助我们，拓宽对世界的认识方式。尤其是经历了疫情，我们大部分人已经习惯了远程办公、线上会议决策，学生也适应了跨国学习等方式。甚至我们发现，工作时长或学习时长比疫情前的反而更长。没有了上下学、上下班这一固定形式，工作或学习不再以时间，而是以事情本身为轴，自主性和效率都有所提高。互联网技术打破了围在课桌、教室，公司、城市等的墙。

前段时间有一条很多人点赞的短视频，内容就是记录一个生活在科技宅的人，从一早起床、洗脸、喝咖啡、跑步等的生活。一键点击，完美程序生活开始了。就在我们为科技疯狂点赞的时候，剧情突然反转：他在跑步机上跑步的时候，接电话的语音被智能机器人接收到，引得跑步机一直加速，主角险些摔倒，最后慌乱收场。视频展现的生活片段短小却很幽默，引得很多人留言，智能生活这是要命啊。

当然，这也说明了我们与科技的关系充满矛盾，一方面科技带来了更多的便利，另一方面我们真的需要这么多的科技吗？

不过，这不单单是创意视频的设想，在现实生活中已经多场景应用了。比如华为智慧屋，按照客厅、厨房、书房、健身房、影音室、车库等场景，通过无线技术将手机、PC、平板、手表、智能音箱、智慧屏等自有产品与华为生态合作伙伴的产品融合在一起，构建了一个舒适、奇妙、智能的沉浸式智慧屋体验。有意思的是，智慧屋已经实现了在家里自由设置春夏秋冬的四季体感，我们可以根据自己的喜好去设定温度湿度等，根据自己身体所需去定制。

说到这里，我认为特别有必要预想一下未来的学习、职场、生活环境将会如何呈现。换句话说，我们需要考虑数字时代的工作、学习和生活了，我们需要与数字科技时代共生，共同进步。

举两个例子，看看孩子们对科技时代的反应。

我同事的女儿前段时间一直很担忧未来和机器人的关系，

她说她可不想嫁给机器人，为此还大哭了一场；而我的女儿却非常热衷于把爸爸汽车里的机器人介绍给她的同学。小朋友们很喜欢机器人，抢着和机器人聊天，让机器人忙这儿忙那儿。每当看到这样的画面，我就会想，未来科技还会改变什么呢？人和人之间，人和机器人之间，应该是什么样的关系呢？不断发展的科技势必会增添未来生活的想象空间，可以肯定的是，这一代孩子对代表未来科技的机器人有着天然的兴趣，也天然有着和自己息息相关的感受能力。

很有启发性的是连科技达人都膜拜的华为天才少年彭志辉。这还是我家军事科技迷老公推荐给我的，说是让我欣赏欣赏一名自我定位为脑洞载体的少年是如何创造和学习的。正如彭志辉的粉丝们所描述的，他一个人的创造力相当于一个公司了。从自动驾驶自行车到机械臂的研发，除了脑洞清奇，还可以看到他突出的基础学识和动手能力。给人很大启发的是，他运用互联网资源的能力和态度也很极致，网络既是他的实验土壤，也是他的阳光、水和空气。像机器人这么复杂的系统，往往需要一个团队花几年时间才能搞定，而他只花了 4 个月，而且把创新成本降到最低。有了成果展示，他还会附上详细的开源仓库地址，开放给更多的爱好者。

还有毕业于北京邮电大学的何世杰同学，他坐等苹果 AirPower 无线充电板四年未果，便自己动手做了一个充电桌，炫酷有趣，被网友称神。从这位何同学的过往经历中，可以看出他数学、语文、英语的基础都很扎实，有了这样的基础学习能力，网络科技对于他的创新学习就是助力的加速器。

我不是科技达人，对于科技创新对未来人类的改变说不出什么真知灼见，好在我具备媒体人的搜索扫描式眼睛，我了解到大量科技爱好者对天才少年彭志辉的羡慕和敬佩。有人感叹学了 20 年计算机，毕业后也一直从事计算机方面的开发工作，但自知完全没有能力从 0 到 1 地去造一台机械臂；也有人羡慕，虽然不是世界名校的顶尖学霸，但一毕业就能获得这样的起点和机遇，能够在发展至今的互联网上获得创新和学习，这是名校生们也无法企及的。

正是因为今天的互联网环境更开放，资源更优质，带给大众的想象空间更大，所以我们的孩子在互联网生活中，肯定不会仅仅是打游戏，他们完全可以找到和互联网的最佳合作关系，助力自己。

那么低龄孩子如何在互联网上学习呢？

一位编辑朋友的儿子，刚上学没多久就遇到了写小作文的难处，每次看图写话总是没办法让一肚子的想法从笔下流出。他的妈妈没有采取题海疲劳战，而是给孩子创建了一个微信公众账号，让他随便写随便发布。默默观察了一段时间后，他的妈妈发现孩子发布的小作文越来越好，一问才了解到，原来是有好几个粉丝每天留言，希望他能坚持更新，甚至还有一位是小学老师，坐等他的文章说是要给班里的同学读一读。孩子得到了这样的鼓励后，不断地练习，从最初的流水账，渐渐地形成了自己的表达风格，有科幻短篇，也有搞笑小剧本，体裁非常丰富。有时候他还和网友们做各种写小作文续尾接龙的游戏。作为他的粉丝，我不仅看到这个孩子表达上的蜕变，也能感受到他的网络生活正在不断助力他突破自己。

我正在身体力行的一个经验是，帮女儿开设了一个音频频道，让她练习古诗词朗读。学习古诗词，我看重的是熏陶，除了声音本身，有配乐、节奏，以及感情的投入，都有大大增加趣味度和加深记忆的效果。孩子直接朗读和运用音频软件进行朗读，前后对比非常明显，增加了音乐，孩子更能沉浸在诗歌当中。不到一年的时间，孩子对古诗词的兴趣明显增加了，也获得了一些成就感。每次练习时，她都会对自己的声音控制、音乐选择、节奏起伏等有所要求；她还经常提要求，说："妈妈我想再录一次。"今年，我准备慢慢放手，让她自己学习音频剪辑，更自主地来展示她对古诗词的理解和想法。

随着孩子年龄的增长，不论是说、唱、写，还是更有难度的创作——类似编曲、作曲，或是有了批判性思考的赏析、评论，我们不难发现，在各类社交网站上经常出现。这些孩子往往被称为“天才少年”。但他们是真的天才吗？年纪虽轻，但貌似都超越了专家的水准，实在是厉害。剖析他们的成果，不难发现除了有兴趣的驱动，更离不开网络技术的帮助，这才有了这些天才少年一跃而出的可能性。

孩子在网络上学习的方法非常多，好处也显而易见。

美国凯茜·戴维森在《重新认识学习》中谈到了她的观察和思考。比较有趣的一段是，她在大学开设了一门叫“互联网上的大脑”的课程。在选课时，学生们也都假定互联网是对他们有害的，虽然不知道有害指的是什么，但他们都低估了自己在网上所精通的能力，尤其是游戏方面的。凯茜便以学生为主导，根据学生的兴趣和研究来进行教学计划，用“参与式学习”的方式让孩子们在网络上提交作业。有意思的是，学生把同伴的评价看得比老师的更加重要，学生不仅见识到了课堂的转变，更看到了自己的转变。

写到这里，我想在数字时代，除了孩子们的学习在发生变化，未来的考试也将会有所变化。这也是家长们非常关心的。

凯茜在书中也进行了具体的讨论——测试孩子们对信息进行分类的能力，看他们如何决定一个信息是否可信；同时，测试他们使用新技术和多媒体工具的效率如何；测试他们对与他人知识产权相关的伦理或法律问题的敏感性等。这些都将是我们的孩子与互联网要建立起来的相关关系。

而对于教育家和决策者来说，他们在思考应该考什么。凯茜写道，我们需要的不是对某个单一问题的最佳回答，而是通过测试培养一种新的能力，这种能力让我们能够建立联结、协同合作、搭建网络管理项目、解决问题、应对挑战，最终在职场里应对新的劳工制度和经济形势。

基于这样的开放讨论，作为今天的家长，我们可以做到的是给孩子提供机会，打破家长认知框架的局限。当书本不再是唯一的学习载体，我们要帮助孩子尝试更多的互联网载体、学习软件，引导他们顺利过渡到自主学习上，让他们在网络上不再只能通过打游戏获得乐趣，减少打开网页却茫然无目标的苦恼。要多增加他们对网络的驾驭感，增强我们这一代孩子的网络素养。学习除了阅读、书写、算术，数字时代的隐私性、安全性和可信度，是否具有批判思维，都是学习的重要部分。

最后，来说说我们和互联网之间的关系。

一方面，我们要坦诚面对互联网上的自己；另一方面，我们要面对更多人的思想碰撞和宽阔多样复杂的世界。要知道，网络提供给所有人一个公平的机会，让我们有机会听到看到新的想法和新的意见，有机会丰富自己，有机会独立创造自己的作品。

在科技飞速进步的今天，别说老师可能会被人工智能取代，甚至人类也可能会被机器人取代。现在的职业已经在重构，很多职业消失了，我们不得不重新思考人和人、人和机器人之间的关系，尤其我们培养的就是要迎接这一天到来的孩子。在这一点上，凯文·凯利在《科技想要什么》中做了新维度的探索。“乍看之下，科技只是人类的造物。没有人类，科技就不复存在，它只能按我们的要求行事。但是，对科技发明的整体系统研究得越深入，我就越发认识到它的强大和自生能力。”他提出，科技让每个人都有机会明白自己的身份，更重要的是它可以告诉我们，我们可以变成什么样的人。

05

## 引导孩子反思式学习，站在自己的肩膀上

完成了上一节在互联网中的学习，我虽然心头轻松了不少，但仍深陷思考，于是只得把自己重新扔到图书馆里回炉。“从前慢”的生活不是一度成为成年人精神救赎的良药吗？我是否正主张让孩子们陷入“速度”的陷阱？非得配合快餐、快闪、即时通信的快节奏吗？我们的孩子如果没有互联网会怎么样呢？答案一个一个从脑海里跳出来，又被我一一画掉，形成了一段典型的反思式总结。反思让我更明确，孩子们不必如临大敌，投入到互联网中学习是面对未来挑战的必经之路。只有反思，才能让自己的思考更趋于完整。当然，这种反思让我也意识到，身为一名创作者，我正在扩大思维的局限性，仿佛站在自己的肩膀上一样，对自我发起挑战。

所以，在学习赋能这一章写作时，我反复推敲，最后决定将“反思式学习”列在其中。因为在实践的过程中，反思不仅是成年人思考的工具，更是学校、老师和家庭教育者都应该必备的思与行的方法论。同时，它还是孩子学会学习，形成成长

型思维的重要一环——反思将帮助孩子获得思辨能力，获得自主的感受。

## 反思是成长型思维的一种本能

从小到大，我们一定经历过数不清的反思行为。

我们暂不去探讨孩子做错事后的反思，因为这涉及价值观和是非对错的主观判断。除了受不同家庭背景的影响，同时，孩子本身有自我要求的过程。因孩子做错事而向他提出反思的要求，显得教条和刻板，甚至我想多说一句：成人的“教”就一定是有益的吗？

我想和家长探讨的反思，是养成成长型思维的方法，那它究竟是一个什么样的过程呢？就我个人的体验来说，反思是人的一种本能，它帮助人提高自我要求，只是这种本能需要经常启动、激活，才能跳出来为你所用。反思也不仅仅只是反思，它还包含着反复、反问、反省等，最后形成自我迭代。

我们中国有很多国学精髓，讲透了学与思的关系。

比如孔子提出的“学而时习之”，学习并且经常复习所学的知识，清楚地讲到了“反复和反思”。

比如孔子提出的“学而不思则罔，思而不学则殆”，是指学习知识不理解，不面对现实问题则无用，面对现实问题不总结，不学习知识则不能解决问题。这里再次提出学习和反思的辩证关系。这是告诫后人，学习时停下来想一想，提出自己的疑问并解决它，是必要的，而有针对性的总结和反思也是解决问题的根本，如此才能获得真正的自我迭代。这里清楚地讲了“提问、总结和反思”。

再比如曾子提出的“吾日三省吾身”，是指每天多次反省自己，这句话也是小朋友们最早接触学习的名言之一。这里清楚地讲了“反省和反思”。

上述，我仅仅是将反思涉及的几个不同层次梳理了出来，以示反思的概念并不复杂。重点是如何运用，将它有效地变成一种方法和习惯，融会贯通到生活当中去。

## 反思是一种学会学习的重要能力

孩子学习反思需要家长引导吗？在家庭中，要如何做到反思呢？

最近，女儿要参加讲故事活动，这是她第一次在同学面前表演。从写小作文到修改，再到提醒练习，基本都在“废妈”。我想，不如将“废妈”进行到底。虽然故事来源于她的真实素材，但是写成小文章被老师修改后正式打印出来，她识字少和不熟悉文稿的弱点就全暴露出来了。女儿站在我面前，吭哧吭哧地往外蹦字，还没说完自我介绍，就不停笑场。

后来，又试了几次，进步都不大，她有点气馁了。我说，这次换妈妈来试试吧，你来邀请我上台，我变身成你来讲故事。她的热情一下子又回来了，端坐着等我开始。在接下来的几分钟，我有意识地在这篇故事里，将起、承、转、合都停顿了出来。我看到她的眼睛一直盯着我，时而捂嘴，时而眼神有疑问，时而猛烈地鼓掌。我看到她的积极反馈，不过呢，并没有现场将这些技巧告诉她。

当我下台（模拟讲台）后，我问她："你为什么鼓掌呢？"

她说："妈妈，我发现了几点没做到，我要注意了。"

我再次引导她："你要注意的是什么呢？"

她说："妈妈，你一直微笑地看着我，没有笑场；你也没记词，但是你好像会背一样；你讲故事比你平时说话慢。我喜欢你的表演，鼓掌！"

其实，孩子有这样的观察分析能力已经很强了，重点基本都抓到了。我的表演传递了几点：第一，上台微笑就是自信；第二，说话时语速稍放慢一点，注意句或段的停顿，给现场的人喘气的留白；第三，文稿记不住没关系，眼神要自然地在文稿和现场同学之间过渡，产生交流的感觉，而不是用文稿挡住脸；第四，抛砖引玉，使用肢体语言，抓住孩子们好动爱模仿的特性，用表演辅助语言，增强讲故事的感染力。

恰巧是这几点，启发式地引发了孩子的主动反思。当她自主地对自己的演讲进行了分析和评价后，我鼓励她再来几遍。

结果真的是有明显提升：女儿从一个拿着文稿挡着脸想赶紧读完稿子的紧张小孩，变成一个将紧张收起来，从头到尾沉着冷静地给台下观众讲故事的初级表演者。我告诉她："你稳稳地站立，讲得很吸引人，鼓掌！"

班会后的那个晚上，我问了她演讲的情况，她说都挺好的。我接着又引导她，你在家中和在学校演讲有什么不同？其他同学的演讲给你留下最深刻印象的是什么？如果你有可能晋级，你会学习对方的什么，保留或者去掉自己的什么？孩子想了想，说："同学们用了很多优美的词语，这一点特别好，这在我的文稿里是缺少的。如果我能参加下一轮，我还是想坚持我自己的风格，我觉得故事有趣最重要。"

当然，我和孩子讨论的过程对于这个年龄段来说还是略复杂了，但核心是明确的，即让孩子自己发现差异，进而形成分析和判断。这里的难点是，对其他人褒贬不一的评价进行有思辨的思考，最终巩固自我的反复建设。

虽然我没有再给她拔高这段反思，但是孩子完全掌握到了精髓，并运用到她的自我提高中。而在我们日常的家庭生活中，这个方法可以用于多种场景，比如分角色朗读、亲子阅读、热门话题讨论等，都可以激发孩子大脑中的反思。

无须多言，孩子天生就是学习者。从婴儿阶段，他们就展现了惊人的学习速度。我认为家长们要告诫自己，应该全然地信任自己的孩子，不要总想着“教”孩子什么才不会输，而是要辅以更多的启发、互动等方式，触动孩子的反思本能，养成自我思考、主动学习的能力。

## 反思是停下来等等灵魂的留白

接下来，我还要再深入讨论反思的生活价值。除了赋予学习的重要意义，反思对于孩子们终将面对的生活来说更为重要。有能力理解幸福、学会幸福，在我看来一直是教育最大的议题。

对于成年人来说，欠缺反思而带来的教训太多了。不论是精神还是身体，总会适时地跑出来提醒你——停下来，等等你的灵魂。我也一样。前几年，我工作的节奏非常快，经常昼夜颠倒，看似忙得不亦乐乎，实则眉毛胡子一把抓。我总是把自己排到最后一位，生活的趣味早已被削减掉，甚至好几年没进过超市、花市，更别提抬头看看风景了。

但经验十足的家长们，并没有把这一思考反馈给下一代。经常能看到周末被家长拉着快步奔向下一个兴趣班的孩子，妈妈不断地催促着快点快点。人类的烦恼、焦躁、言不由衷、身不由己，也许就是这样在传递着。

如果说，孩子的学习是低下头来的夜以继日，那反思就是抬头看看风景。无须多言，我们都很清楚地知道，传递这样的忙忙碌碌给孩子绝对不是好事。那么，抬头看看风景真的有利于孩子的学习生活吗？

美国加州大学 UCLA 教育学院的一位博士生做了一个研究，分析了那些持续使用反思的学生。结果显示，反思过程让他们的学业得到明显的提高，并且这种提高能够体现在考试成绩上。而在反思的第一条建议中，便是——为反思留出时间。

反思需要时间，所以，无论是家长还是老师，在帮助孩子制定常规的学习规划时，都应该优先考虑留出让学生反思的时间。千万不要觉得这是在浪费时间，反思习惯有助于培养批判性思维和以解决问题为目标的思维。

说到孩子的时间表，我想起来几个极致的案例。

坐标芬兰，一个视频博主讲，他的孩子上幼儿园大班，基本就大半天，而且课表里都是玩，真正的主课没几节。这位中国妈妈非常头疼地说，不知道孩子能学多少，索性把所有的兴趣班全部都报了一遍。但是学校还会要求孩子们连上两天学后，第三天要晚一些到校（9：45），理由是孩子连续早起太累了。

坐标上海，朋友的孩子上小学一年级，时间表以半小时为单位，从早 6：30 起床，直至晚 9：30 上床睡觉，基本上全年无休。单从时间表上，完全可以看到一个小飞人在起飞。

坐标北京，同事的孩子从小学一年级到三年级基本上没有时间表，放学了写完作业即可，课外班也基本没有，课后孩子最喜欢和别人交流时下的热门电视剧。这位多胎妈妈最渴望的是安静，只有电视能让他们都安静下来。

当然，只要我们留意，就会发现更多的时间表，这也正是孩子未来人生的写照。在这些反思中，我们肯定会反复触及孩子的压力。比如，孩子无法支配自己的时间，日程被家长安排得太满，同时，还有来自同龄人的竞争以及学校的社交挑战，有一些孩子还不得不面对家庭不和谐的压力……家长们最不想听到的是，我们的孩子已经没时间做孩子了！

在讨论未来教育的时候，最戳人心的一句话是：别用昨天的方式教育今天的孩子。

在讨论当下生活的时候，最治愈的一句话是：你跑得太快了，如今你疲倦了，你的幸福才赶上了你。这句话来自弗里德里希·威廉·尼采。

与其陷住时间表里，不如在家庭教育中，和孩子换换节奏，将反思变成更积极的行动。

当我听不懂时，反思：是不是我忽略了什么？

当我做错了时，反思：我可以从错误中学到什么呢？

当我觉得太难了时，反思：一定能想到办法绕过它。

当我只能做成这样了时，反思：我能做得更好的方法是什么，我想再试试。

当有人比我好时，反思：怎样才能成为最好的我呢？

当我没有他人聪明时，反思：我应该向他学什么？

当他们不喜欢我这样做时，反思：这样做我自己会满意吗？

### 聚焦几个关键词，手把手玩转反思训练

1 专注，专注到自己的言行上；

2 审视，开启另一个视角来审视自己，相当于有了客观的评价体系；

3 勇敢地剖析自己和别人，例如，我自己的文章好在哪儿，不好在哪儿，优缺点是什么；

4 方向，知道如何改进，虽然目前的能力达不到改进的目标，但是掌握方向也是非常重要的。

5 迭代，迭代是超越自己，去网络搜集更多的信息，辅助自己加强训练；迭代是让自己站在自己的肩上，而不是非得站在某位巨人的肩上。

06

## 赋能孩子的长期学习之力、生命之力

在新一代的艺术家里，我很喜欢杭州的一位工业设计师陈旻。他的作品《杭州凳》入围了罗意威基金会手工艺奖，被蓬皮杜艺术中心收藏。

为什么我会在这里给大家讲他呢？

“80 后”的他，履历背景中有非常多的“第一”：第一个留学荷兰设计界最高学府的中国人，第一位连续 13 年参展米兰设计周的中国设计师，第一个也是唯一一个入围罗意威基金会手工艺奖的中国人，也是第一个因为一把凳子红遍国内外的中国设计师。要说这些也不是最让人印象深刻的，他厉害的地方是：一路深究家乡中国杭州的竹文化，对材料进行挑战，对传统工艺进行不断突破；他运用了汉字立体书法的文化，通过三维的形态展示汉字笔画当中西方人一般看不见的东西。他做出来的“东”字形的衣帽架、“工”字形的茶几等，形成了自己的中国式设计语言。

回到他的教育背景里，他并非学霸，喜欢建筑但是物理成绩并不好，后来经家人的指点转学工业设计专业。然后他出国接受高等教育，先是德国后是荷兰，国际化的教育成为他的翅膀，而中国文化的根基成就了他独创的稀有价值。

当我们对陈旻的成长过程进行剖析，我们更能清晰地看到，这个过程是漫长的，每一步都至关重要。身为家长，我们也应该意识到，赋能孩子的长期学习之力、生命之力，是价值深远的。

赋能孩子的学习能力，是复杂的、多线程的，对于终身学习之路来说，这才刚刚开始。

首先，我想让家长们的信念再坚定一些——孩子天生就是会学习的，这一点是经过科学论证的。来自美国波士顿学院的心理学教授彼得·格雷在《天生就会学》里提出:“孩子们天生就可以教育自己。在人类历史的大部分时期，孩子通过观察、探索、提问、玩耍和参与来进行自我教育。这些教育的本能对于那些拥有更好的教育资源的孩子来说，是非常有用的。”在儿童早期教育中，家长的重点是呵护好孩子自身的能力，提供更多的场景刺激孩子的自我教育机会，同时，尽量减少人为的干预。

其次，随着孩子的成长，我们也不再是新手父母了，这个时候，我建议家长可以读类似吴军的《大学之路》这样的书。除了上述几节中我们具体探讨的方法，学习还需要一种有活力的团体氛围——孩子们在讨论、激发的过程中，在彼此身上学习，照见自己。

最后，赋能学习事实上更容易偏向术的传播，但我还是想从多个角度引起家长们的重视。在这些概念中，有心的家长应该能够感受到，在传统学习和自主学习中，并没有特别直指自主学习。我做了一些过渡衔接，毕竟我们的孩子年龄还小，还需要做更多的准备。但重要的是，我们能从一些核心方面，帮孩子运用好传统学习的优势，最终搭建一条通往自主学习的通道。

在这一章结尾，我想和大家分享《什么是最好的教育》里，教育家肯·罗宾逊的一段对于好老师要扮演的四个角色的专门描述。能遇到好老师我们心怀感恩，而用心的家长也完全可以在家庭教育中操练起来。

这四个角色分别是：

第一，教会学生自己学习；

第二，激发学生的兴趣；

第三，赋予学生力量；

第四，对学生满怀期待。

想一想，虽然有难度，但是不是也不至于完全无法企及呢？

Chapter 5

# 认知赋能

## 旧的方法不能养育出明天的孩子

欢迎来到“认知赋能”这一章，首先分享一个小故事。

昨晚，女儿预习语文课文时，朗读了小青蛙和小鸟因天有多大而争论的故事。

读完，她问我：“妈妈，你知道它们为什么争论吗？”

我问：“为什么呢？”

她顺手拿起她的非洲鼓，倒过来示意我：“这就是小青蛙井下的家，顺着这个鼓壁，青蛙能看到的天就是上面延展的那部分。”然后，她将手指飞舞着转了一圈，在鼓边停了下来，说：“小鸟停在井边，它的天就在小青蛙的头顶上。”最后，她总结道：“小青蛙和小鸟说得都对，只是它们站的位置不一样。”

我反馈道：“你演示得非常清楚，妈妈很同意你的看法。你观察到了它们因位置不同而产生不同的结论，我觉得更宝贵。”

看到这儿，我想你一定很明白我认可和鼓励孩子的核心点是什么了。

因所处的位置不同，由此产生不同的判断、不同的选择，以及对结果不同的态度，足以形成一个人对世界的看法，同时，也足以形成了一个人的认知。

是的，我看重的是孩子在成长阶段中，认知的启蒙和发展。

在《现代汉语词典》中，认知的解释是“通过思维活动认识、了解”。简单来说，它原来是指通过各种心理活动（如感觉、知觉、概念、推理或想象）获取知识，实则就是人的心理活动，指思维、学习和心智。

认知的启蒙和发展，近几年频繁被提及，在商业社会环境中尤其受重视——大多是提醒职场人不要陷入低水平的重复之中；当然，也比较残酷地直指忙碌的成年人，光勤奋是绝对不够的：最后下班的人有可能最先离职，没有计划的人一定被计划掉，突破人生天花板唯有依靠认知升级，你过得不好都源于认知的局限……这些被归类于认知升级的概念也好，人生鸡汤也好，成功学也好，基于大部分人既定的人生来说，是否具备突破自我认知瓶颈的能力，完全看个人。

与成人所处的不断校正、不断突破的自我认知阶段完全不同，孩子的认知发展处于启蒙初期，所谓童蒙养正。

什么是儿童的认知发展呢？

英国著名的心理学教授鲁道夫·谢弗在《儿童心理学》里指出，认知发展指的是在儿童期获取知识的发展，包括理解、推理、思考、解决问题、学习、概念化、分类和记忆。著名的儿童心理学家让·皮亚杰进一步提出，儿童的认知发展是呈阶段性的。这就引导我们思考孩子自身内在的心智发展和随着年龄增长的变化。俄国心理学家维果斯基则认为，社会环境对儿童智力的发展有着举足轻重的作用。这让我们注意到社会群体和人际交流对智力发展的影响。

这一代的孩子，物质文化如此丰富，家庭教育投资前所未有地高涨，不论是孩子自身发展的需求，还是社会环境的变化，都在多维度地影响着孩子的认知启蒙。时代在变化，孩子的认知起点也正在改变。《乌合之众》里有一句话概括了人类思维认知的必然改变:没有传统，就没有文明;没有对传统的缓慢淘汰，就没有进步。

那么，在孩子的认知启蒙赋能方面，家长能做到哪些助力呢?

我想主要从两个角度来探讨。

首先，从家长自身来说，家长切勿思想跟风，一定要把那些烂熟的、又束缚我们自身认知的淘汰掉；同时，要打开自己的眼界，世界格局变化太快了，互联网的开源自由精神，元宇宙的探讨等，这些都将是孩子面对的未来世界。

其次，从尊重孩子出发，在我们身边已经听到了太多家长的声音——有的和孩子重过了一遍童年，有的在孩子身上学到了慢下来，有的发现养育孩子是照见自己的过程……正因为有了这样的共识，我们的目标便该是真正了解孩子，尊重孩子，让孩子成为自己的主人，培养既成才又成人的下一代。

这一章我将从学习认知、速度认知、世界认知、资源认知、生命认知五个核心点来谈谈认知赋能，只希望能够给你一些启发，调动你的认知，从而形成更适合你的家庭教育的认知赋能方案。

01

## 学习认知：学习是有趣的，而不是痛苦的、被逼的

在《见识》这本书里，吴军老师切中要害地指出来，我们这一代父母和上一代父母的根本差异是，在观念上从农耕文明的思维方式向现代商业文化的思维方式进行了改变。恰好我们便是处于这样一个变革时期的家长，时代对我们这一代家长提出了更高的要求。引起家长们共鸣的是，孩子从小就知道“学习”二字，超前学习已经成为常态。

但我想提出来供家长思考的是，孩子步入初尝“学之味”阶段，实际上已经进入了人生苦与甜的认知博弈。

几年前，我在公司发起过一个调查，关于如何养育孩子。印象特别深的一个回答是：“如果有可能，我希望孩子不用再学习，因为学习太苦了。”回答者是一枚名校学霸，正处于谈婚论嫁的阶段中。那几年，我们工作互动特别多，他留给我的印象是认真而苦难的；在他的作品中，我总能体会到他对生活的理解是苦涩的。

虽然其中有成长中家庭和环境等因素的影响，但我慢慢了

解到了更深层的原因。“85 后”的他代表了大部分同龄人，因学习生活——“学海无涯苦作舟”的这段旅程体验实在是太苦了，进而他们的生活观也受到了影响。

所以，“学海无涯苦作舟”这句话对于孩子学习的作用是促进还是恐吓，值得我们家长深思。

在孩子成长的过程中，很多关键点决定了他们认知的基调是苦还是甜。

“学习是有趣的，上学是有趣的，上班是有趣的，和做游戏一样，都是有趣的。”这句话我经常和孩子说，并不是特意在孩子上学后，强行“安利”孩子而采取的精神胜利法。这些关键点包括：小宝宝看着你上班出门的背影要哭的时候，孩子好几天看不见你（出差等）的时候，孩子在一片哭闹声中进入幼儿园的时候，孩子成为一年级“小豆包”的时候，孩子成绩不理想的时候……孩子的人生便是如此展开的。

在我家，除了上述之外，还多了一些特殊情况：先生在海外工作几年，全家聚少离多，消灭时差都成了奢望的时候；女儿幼升小一年不在我身边，还赶上了疫情，连回国都困难的时候……不过呢，家长传递什么态度，孩子感受到的就是什么温度。

上班出门时，我会告诉宝宝：“妈妈要去上班啦，这一天我会做自己喜欢的事！”

下班回家时，听到被姥姥抱在手里的孩子说“妈妈辛苦了”，我会告诉她：“看了一堆稿子，做了几个采访，真是挺高兴的，有收获。”

在一片哭闹声的幼儿园门口，我告诉孩子：“终于有机会去上幼儿园了，妈妈期待你回家分享幼儿园里什么最好玩呀。”

爸爸出国工作长时间不能回家，全家都鼓励爸爸勇敢去做自己想做的事，然后用短暂的相聚和高质量的陪伴来化解长分离的思念。

女儿幼升小阶段在新加坡，我把行程表填满校历，一个一个讲给孩子听，消除她的信息盲区，让她知道妈妈在哪儿，在做什么，什么时候能来到她面前。

在女儿成长的过程中，我们没有遇到让大部分家长头疼的分离焦虑，也没有遇到入园困难，在幼儿园门口上演母女大哭的场景。不论我什么时候上班下班，孩子都是兴冲冲地、快乐而主动分享着她的事情。甚至她 6 岁出国，走进陌生学校陌生教室的时候，也是全程跑到前面，没有任何胆怯地迎接未知。

是我的孩子不会哭闹吗？

当然不是，而是因为她始终掌握着主动权，对自己有着明确的掌控感。她知道自己将要面对的有挑战、有冒险、有惊喜，当然也有紧张和不安，而这些却恰恰都是主动探索的乐趣所在。除此之外，我想说的是，我们也应该意识到，孩子的迎难而上，并不是成人大脑认知中的苦旅。

学习是有趣的，从根本上不应该是痛苦的、被逼的。

这个认知是简单的。前几章中我也反复提过儿童的主动性，不论是让·皮亚杰，还是维果斯基，都认为儿童并不是被动地依赖成人的引导，而是积极地搜索和选择周围对他们有用的学习工具。不论是坐爬站走，还是说话、做游戏、数数、学认字、看绘本，甚至是做题，都源于他们想学，他们觉得有意思，而不是被逼迫的。

当然，你也会反驳，当孩子长大了，情况就会发生转变，不如小时候好引导了。是的，所以作为家长必须要注意到孩子的认知动力，因势利导。前几天，女儿睡前问我："妈妈，我们同学的爸爸妈妈请假带孩子去环球影城玩，你怎么看？"我说："每个家庭不一样，每对父母都有自己的决定，他们觉得行就行啦！"女儿继续问我："那你会这样做吗？"我知道女儿是在旁敲侧击地了解我的看法，于是坦诚地告诉她："妈妈记得你说这个月想去环球影城玩，但是妈妈不会为了去环球影城而占用你上学的时间，理由是上学的乐趣和去游乐场的乐趣不一样，它们谁都替代不了谁，哪个也不能轻易地被其他乐趣取代。"女儿机智地了解了我的态度，说："妈妈，我和你想的一样。"转身她就睡觉了。

这种情况，我想很多家长都遇到过，虽然我并不认为请假去玩就是不好的，但是，我更主张，在孩子建构对不同事物的认知过程中，家长要耐心一点，尽量给孩子根植一种较长远的对待自我的观念——学习知识是孩子需要获得的，玩耍也是孩子需要获得的，这两者相互不能代替，两种不同的乐趣无法互相取代。我们尤其鼓励不论是学习还是玩耍，孩子都能够进入一种全身心投入的心流时刻。当然前提是，学习要有实践、有游戏的参与感，玩耍要有无所顾忌、全身心的投入感，孩子在过程中始终能体验到“我是愉快的”。

看到这里，也许你的内心会产生关于玩与学的矛盾，不过不必着急，听我慢慢讲来。这里我不再赘述玩的重要性，但要重新画一下重点，让大家对“玩”有一个明确的概念性认识。根据著名的研究学者、缅因大学的凯瑟琳·加维教授，以及马里兰大学的肖尼恩·鲁宾教授的说法，真正的“玩”具备五大要素：

第一，玩必须是有趣的、享受的；

第二，玩应该是无为而为，没有一个明确的目标；

第三，玩必须是即兴的、自发的，完全出自玩耍者自己的意图，也就是说你不能指定他怎么玩；

第四，玩的人必须表现出主动参与的欲望；

第五，玩多多少少带有假想的意味，有种不按常理出牌、脱离现实的特质。

对照这五个要素，敏锐的你肯定已经发现，这和我们日常养育孩子中的“玩”还是存在很大差异的。但是如果你仔细观察孩子的玩耍，就很容易理解，也可以从中读出玩耍的核心功能就是给孩子一种掌控感。孩子们自发地玩耍时，不仅会互动，还会组织团队，制定规则，掌握主动权。在我们看到孩子跑来跑去不知道他们在干什么时，他们已经愉快地获得了成就感。

所以，在孩子认知启蒙的早期阶段，我们应该将这种体会“学习味道”的选择权交给孩子，顺应孩子天性里渴望学习的主动性，给予孩子学习掌控感的机会，提醒自己少些无效催促，告诫自己不要逼迫孩子，不要打乱他们的内在节奏，多一些对孩子的鼓励。这才是为人父母的上策。

正如梁启超说：“趣味是生活的原动力，趣味丧掉，生活便成了无意义。”

## 02 速度认知：慢就是快

如果你留意，就会发现身边随处可以听到家长对孩子说的一句话，而且整齐一致："宝贝，快一点啊！"

当真是孩子太磨叽了，还是成人习惯了匆忙的节奏呢？

在这之前，已经有太多教育专家深入研究，倡导不急不吼做妈妈、不急不乱轻松养育孩子等，其中主要涉及的问题是：养育投入的时间、速度和效果。

家长对养育的速度和效果的追求，虽然是痛点，但并不是盲点。关于物理速度快与慢的辩证关系，我在前文中多多少少有过提及，大多是基于我个人对生活的理解与感悟。尤其最近保持专注写作的状态时，我才渐渐理解了西藏的那句谚语：匆匆忙忙到不了拉萨，缓缓行走便能抵达目标。

对生活的理解实在是一件因人而异的事，所以，我本来并不准备专设章节来谈关于速度和效率的认知，毕竟大家都是生活者，都会有自己的看法和总结，说多只会索然无味，并不能真正提升认知。但每天迎面而来的快节奏、快情绪、快结果，提醒我常挂在嘴边的往往不能放在心头，既然要给家长们真知灼见，那就要再耐心一点，再严谨一些。

今天一大早，我陪妈妈去医院。在诊室里听医生讲病情还没有几分钟，门外的患者们就纷纷旁若无人地推门而入，直接到医生旁边。有一位甚至插嘴说："医生，我就一件小事，快给我开点药。"小屋子里人一多，弄得医生也心烦气躁，只想赶紧草草了事。那一刻，我突然在想，大家心中的"急吼吼"到底从何而来？我望着站在最前面那个打断别人的男人，他一脸精明，人到中年还这般急性子，很难想象回家面对孩子时，又将如何平心静气。

这些人是不是跟你经常遇到的有些人类似？地铁上插队抢座位的人，公司开会时总是打断别人的同事，一下班就找你开会的领导，要求你 24 小时随叫随到的客户……这种总是迫不及待地总想先人一步的人，为什么给人的感觉很糟糕呢？毫无疑问，他们对别人缺乏基本的教养，缺乏同理心，习惯把麻烦留给别人，没有利他思维。这种人注定是会被社会淘汰的。更遗憾的是，他们对自我缺乏目标感，就像一个被蒙住了眼睛的赶路人。

就赶路人这个话题，我还专门请教过之前的大客户，现在的好朋友。我问他，客户喜欢 24 小时待命的乙方，到底期待的是什么样的合作伙伴？他一语中的地说："因为'脑'永远属于自己，至于‘手’，当然会优先选择又快又听话又好用的啦！”

虽然“脑”和“手”各有优势，各有各的生存之道，但我们可以很清楚地看到，“脑”才是制定规则的核心，而“手”再快，也只能在别人的游戏规则里求生存。生活和职场的真相就是这么残酷。

如何让自己不陷入被动呢？对于这一代孩子来说，养育的过程，一定比结果和成绩重要。前辈教育者们早有总结：多爱，多陪伴孩子。我想补充的是：多理解多信任，放慢脚步，慢就是快。

你一定要问，放慢脚步好理解，但时间不等人，该放慢什么，才是不耽误孩子的选择？

这真是一个好问题。

慢，的确不是放任自流、不管不顾，更不是消极等待。我将慢划分了三层含义。

**第一层，慢一点，给孩子一些时间。**

这是一句说出来容易做起来难的话。在我养育孩子的七年中，孩子太多次通过她的行为告诉我，她需要时间，而身边其他人的各种着急是毫无价值的。

最直观也是妈妈们吐槽最多的是，每天早上起床吃早饭到出门是全家的打仗时间。不管你怎么催，甚至恨不得把饭一勺勺送到孩子嘴里，孩子也不会因为倒计时而囫囵吞枣，始终淡定地一口一口慢慢吃，以此来提醒你，吃饭这件事无法提速。孩子的吞咽能力决定了吃饭速度，站在孩子旁边的人催得再急又有何用？

但是太多家长不理解，也不同意放慢速度；明知没作用，还是会在旁边不断地催：快吃鸡蛋，快喝牛奶，快点啊！但你是否想过，当大脑全充斥着“快一点”，愉快的一天陡然增添的是莫名其妙的烦躁和隐形的压力。很多时候，你或许都意识不到孩子的小眉头已经皱起来了。

除此之外，比较典型的还有孩子玩耍或是学习的时候。

我记得女儿上幼儿园前有三天的适应期，这三天家长可以陪孩子一起去。因为家长很重视孩子初入集体环境的适应度，所以都显得很努力。老师发给孩子们材料，让他们试着画一画贴一贴。简单的手工课，家长的表现各不相同。有一类家长看着孩子动手还没几分钟就坐不住了，一把拿过来孩子手里的画笔和剪刀，准备自己动手。还有一类家长一边看手机，一边监管着孩子的进度，不停地说：“你怎么还没弄完呀，你画得不对啊，你看其他小朋友都快做完了。”还有少数的一类家长基本不插手，除非孩子要求帮忙，比如拧开胶水之类的事情。通过观察我发现，老师给孩子们留的手工时间是合理的，不论你催还是不催，干预还是不干预，评判还是不评判，孩子依靠看起来不那么娴熟的小手基本都能顺利完成任务，而且动作越来越熟练。

聪明如你，应该一下就明白了，虽然结果没什么差别，但是过程却千差万别。那我们来总结一下，让孩子们产生差距的是什么？

喜欢干预和直接动手帮忙的家长，是让孩子的作品看起来好看了一些，但你们的帮忙也让孩子失去宝贵的思考机会、面对问题和解决问题的机会。

喜欢评判和比较的家长，看起来似乎始终关注着孩子，实则一直在干扰，让孩子很难持续保持专注力，失去了完整学习一件事情的经验和机会。

而凡事自己动手，又能获得家长支持的孩子，在完成的过程中，始终在巩固和确认一件事，即：我可以！

在孩子成长的过程中，慢是尊重，让孩子进入自己的节奏之中，展开他们的探究；慢是信任，让孩子在专注之中放飞想象力，沉浸创作，甚至挑战自我；慢是给予，让孩子找到问题解决问题，一次比一次进步，从而获得自信。

**第二层，慢，却可以获得加速度。**

在当孩子还小的时候，我们很少有机会将“慢就是快”和自己的孩子联系在一起，毕竟抱在怀里的宝宝不断增重、不断长高，简直是一天一个样。

等到进入早教启蒙阶段，尤其是成为“小豆包儿”后，孩子开始遇到成长的门槛：启蒙后的系统学习，有些孩子很快适应，有些则不然，孩子之间的差异越来越明显。

这个时候，对家长最大的考验是能不能保持稳定的心态，对孩子有清晰的认识，不被某一节课的效果、某一位老师的言语所影响，而是找到问题的症结，拆解它，帮助孩子在缓慢的适应过程中，获得加速度。

我女儿全面进行兴趣的培养时已经 7 岁，是公认较晚的年龄段了。那会儿，孩子刚回北京，回到我身边，我开始带着她寻找兴趣启蒙老师。在拜见几位老师的过程中，有一位知名的音乐老师甚至直接说：“孩子长得好看，得体大方，上台真是好苗子，但是可惜了，你们给孩子的音乐启蒙开始得太晚了。”老师甚至说，孩子的耳朵没有打开，想快速出成绩是不太可能的了，并充满遗憾地拒绝了我们。

那段时间，我挺沮丧的，心想：难道孩子通往音乐的大门这就被关上了？虽然我非常认可老师的专业性，但对她下的结论并不认同。不过，这位老师倒是启发我进行思考：孩子学音乐是为了快速出成绩，还是为了让音乐成为生命的一部分？当然是后者。

后来，孩子顺利地开始了钢琴的学习，遇到的老师是我前文就有提及的绪飞老师。他从来不让孩子为学琴而学琴，也从来不让孩子过度训练，而是在教琴的过程中，教孩子呼吸，教孩子发力，教孩子和自己对话，教孩子放慢速度，让孩子在缓慢的练习中，控制自己，练就心性。

钢琴学习是个慢功夫，对于这个晚上车的小朋友，这一年我并没有感受到她钢琴技艺有大踏步的进步，但是我能感受到，她的感知力确有明显的变化。不管再难学的曲子，她都能直面困难，做到专注而稳定地练习，然后很快掌握。

女儿刚升小学二年级时，很喜欢和我们讨论各种物理问题。牛顿定律已经讲了很多次了，在给孩子讲的过程中，我顺势将她自己的故事融入进去，告诉她：就像你练琴，缓慢起步，看起来保持了一段慢速度，但是你会慢慢获得加速度。

我心里很明白，孩子在这样的刻意练习过程中，慢就是快。

当然，我想再多说一句，在儿童教育的过程中，家长要关注的这个“慢”，除了专业方面的刻意练习，更重要的还有孩子的情绪和情感，以及心性。这个意义更为重大。

**第三层，慢就是快，让教育内化，让孩子的学习获得复利效益。**

你一定很熟悉“复利效益”“长期主义”这些热词，不论是经济领域，还是职场环境，都形成了新一代年轻人的认知升级目标。

不过在教育领域，我认为这些词更适用，更是家长们的必修课。有了前两层含义的铺垫和执行，第三层的“慢”便是顺其自然的结果。

前段时间我看到朋友女儿的滑冰视频，不到两分钟的长度却让人感动。视频中，一个 8 岁孩子表现出来的自如和自由自在，让她在偌大的冰场空地上，像一个真正的冰上舞者独自舞蹈。她面对自我，和音乐融为一体，成熟又稚嫩，美丽又可爱。朋友说，孩子 2 岁多开始看，5 岁多开始上冰练，腿部结实有力，肌肉变成记忆，滑冰已经成为她生活的一部分了。

对于这个故事我想说的是，孩子正是在“慢”中做“长”积累。正是因为有了这样的积累，孩子才会比昨天的自己更好，或者说，成为“别人家的孩子”。

或许你也有很多故事可讲，恭喜你，你正进入养育孩子的良性循环中，最起码你已经走在正确引领的道路上了！

03

## 世界认知：我们的孩子既要出国，也要下乡

在一线城市生活的孩子视野很开阔，兴趣爱好也是五花八门，网络流传广泛的兴趣鄙视链更是让网友感慨刷新了认知。

只要你留意，就能经常听到孩子间让人耳目一新的交流，不仅有关于世界各地好玩的、好吃的的讨论，也有世界地理历史、人文科学的知识，甚至还有一起去芬兰找圣诞老爷爷的约定。

身居二三线城市的孩子，也有不少会利用假期时间参加国内外优质的夏校。可以说，今天的孩子捕捉到的生活信息太多样了，家长们的养育方式也更趋于向上延伸。

但这就是世界的整体样貌吗？显然不是。

2003 年，我采访了一位耶鲁人类学博士，名叫王甘，当时的她开了一家幼儿园。虽然，当时我们便聊到了如何迎接小小的人类，孩子需要教吗，孩子内在的动力在哪儿，家长如何引导孩子认识世界等话题。王甘博士说，她鼓励孩子既要出国，也要下

乡，要让孩子看到世界呈现的真实性和多样性。

说实话，在我的采访生涯里有非常多对社会有影响和贡献的人物，而王甘对我的影响最为深刻！2013 年，我的孩子出生了；2016 年，我担任母婴媒体的主编，正式并职业化地开始研究儿童教育时，我对“孩子既要出国，也要下乡”的理解更进了一步。王甘的目的是让孩子真正地了解社会。孩子在小的时候没有阶层、种族的概念，家长要帮孩子创造机会，启发他们懂得尊重自己与他人，懂得换位思考，具有多元包容心，而不是只知道高高在上或者一味地向上看。

很多人应该记得前几年有一个电视节目很火，叫《变形计》。这个节目让两个来自不同家境、贫富差距极大的孩子进行生活交换，让他们体验不同的生存状态。这是一个极端的真人秀节目，素材很真实。让人动容的是，在我们生活之外，还有百态民生，大多不被人向往。但那毫无滤镜的真实感，却实实在在地构建出多面的生活。

知穷知苦，就是世界的全貌了吗？显然还不够。

前段时间，我和女儿一起看了英国纪录片《奇迹之地》。当画面从风光展开时，她立即发出了“哇”的感叹，她说地球真是太美了。很快，孩子便进入了非常专注的状态。这部片子将人类生存的极限和神奇跃然于身居繁华城市的我们的面前：当我们吃着蜂蜜时，并不知道尼泊尔的采蜜人从事的是世界上最危险的工作之一；当我们吃着贻贝时，也无法想象因纽特人需要从冰冻的海平面凿洞并跳下去，才能获得有限的几十分钟来采拾贻贝，他们比任何人都担心全球气候变暖，因为这会导致采拾贻贝的时间越来越短……在地球的各个角落，人类每时每刻面临着不同的问题，千里之外看似和我们毫无关系的故事，事实上却息息相关。这两年我们还共同经历了疫情。仍未停下脚步的疫情始终在提醒着我们，对于地球之上的生命和自然的力量要心生敬畏。这是真实的世界面貌，涉及人类的发展、社会的发展、环境气候等。

看完纪录片，女儿说，世界真大。世界真大，这一代孩子从小就有机会懂得世界之大。

孩子们需要出国，也需要下乡。但是，出国和下乡的概念绝不能被表面化，也不能被固化了。出国不仅仅只是代表花花世界，下乡也不仅仅只是代表贫穷和落后，两者从不同层面组成了世界的整体。所以我们这一代家长，应该更为客观、多维度地引导孩子睁开眼睛、打开心灵，认识生活、认识环境的宝贵。

世界真大，人类只是其中的一部分。只有走过不同国家，走过不同乡间，孩子的认知构建才会更客观，才会更有判断力，才会更心怀良善。

04

## 资源认知：早一点让孩子了解开源的精神

你是不是和我一样，每天看着身边的孩子，反而忽略了他们悄无声息的变化，比如又长高了又增重了。也不知道从哪一天开始，孩子的天真可爱粉嘟嘟中竟多了一些你意想不到的沉着淡定。心生这些感慨，是因为我意识到孩子这颗种子，在风霜雨雪四季轮回中，终究会长成什么植物，可以设想，却无法预知。就好像“你有你的计划，而孩子的世界另有计划”一样，谁也拦不住这些小小人向着自由独立一路进击。好在可以肯定的是，这颗种子需要的是开放、接纳和发展的环境，来激发它的创造力。

而今天，不管使用的是安卓还是苹果系统，我们都已经生活在一个有着开源精神的互联网时代中。

什么是开源？它代表什么呢？事实上，大多人虽然身在其中，但并不了解。记得我第一次听到“开源”这个词时，也是发出了一堆问号，先是觉得和自己没关系，然后感觉它很不好理解。为此我查了非常多的资料，发现这个互联网名词，原来是专属于程序员们的家园。

开源，源于黑客文化，它代表着创造力，特指互联网自由开放和共享发展的精神。开源到底开放了什么呢？有互联网业内专家对此梳理，指出开源开放的包括基础设施、商业模式，还有外部支撑。难怪有人说，整个世界都需要开源。

再往细了说，这些开源的程序源代码，程序员们可以免费使用，可以对之进行再开发、再试错、再创造；同时，也可以把自己编写的程序代码发布出来，实现技术的再进步、再迭代。这里不仅可以接纳、共享，也能共同监督，共同创新发展。互联网把世界变成平的，开源是超前又必然的一个选择。

前几天我看到一个视频，一个头发漂染着粉、绿渐变色的女孩在讲人工智能。我大为好奇，同样是面对镜头展现自己，她却和我们看到的绝大部分美少女不一样。一样时髦的外貌，她并不是在精钻如何化妆穿衣打扮，也没有搞直播带货推销产品，而是在开源网站上分析 3D 打印机械臂、垃圾机器人探测车，如何将科技运用到时尚领域等又冷门又开脑洞的项目。我一研究，原来这个独特的女孩是一名创客，本硕就读于剑桥大学，是美国哈佛大学应用物理学博士，目前是微软量子计算机组的架构设计师。

为什么这样的孩子能让人产生好奇，让人一眼记住呢？我问自己。

因为这个女孩让我看到的是未来，而社交网络中的那些网红主播让我看到的是眼前。说实话，得出这样的结论，貌似过于想当然了，不过从教育者的角度来看，复杂的未来世界需要的是独特的思路、宽阔的平台和精准的解题方案，而如今呈现在我们眼前则太过千篇一律。

我们的孩子终将面对的是发展的世界，也将成为有自我风格的人。今年，元宇宙又冲进大众视野，扎克伯格认为，元宇宙不是我们在手机或电脑屏幕上看到的互联网，而是一个我们可以参与的、可以置身其中的互联网。

面对未知，大家的反馈是好坏参半。不论对错，你是否记得几十年前，我们奔涌进入互联网生活的那一刻；而现在，也许要不了多久，我们便要开始元宇宙生活了。虽然我们不知道如何开始，但没人能阻挡未来来临的脚步。

这也是为什么我在认知赋能这一章提出了资源认知。不妨思考一下，如果人类以数字身份参与数字世界，我们该如何生活呢？这更是一个开放而没有答案的问题。

所以，认知赋能的原则是，看得远一些，保持开放的态度，让资源生态更能接纳包容，更能求同存异，更能共享和创造价值。

## 05 生命认知：所有逆境都是灵魂成长的机会

前面的内容中，我经常提到主动权和掌控感。你也许会问，又不是我们不给孩子，我还想要呢，但最后还是被生活打败了啊。

说得确实没错，我们哪位没有体验过人间疾苦呢？生病、落榜、失恋、离婚、亲人去世、自然灾害，还有全球正在经历的疫情……别说成人了，就连孩子也同样面临着压力。

有一个数据非常值得引起家长重视。理查德・尼斯贝特在《认知升级》中提到，来自不同群体的父母对待孩子的方式（或是慈爱或是严厉）存在着巨大的差异。比如：一些精英阶层的父母每责备孩子 1 次，就会鼓励孩子 6 次；一些工人阶层的父母每责备孩子 1 次，只会鼓励孩子 2 次；而靠救济生活的父母，每责备孩子 2 次，只会鼓励 1 次。等到了 3 岁时，精英阶层的孩子受到了 50 万次的鼓励和 8 万次的责备，而父母靠救济生活的孩子则受到了 7.5 万次的鼓励和 20 万次的责备。结论显而易见，这个差异会对孩子认知能力的发展产生重要的影响。

这组数据不算不知道，一算真是吓一跳。除了受到不同家庭养育方式所造成的影响之外，孩子踏出家门开始社会化的过程中，还受到社会压力的多重影响：分离焦虑，被孤立，被批评，学业跟不上，不喜欢某位老师，父母争吵，家庭变故……他们开始经历挫折、失望，甚至是失败。

印度哲学家克里希那穆提在《认识你的心》一书中谈了他对教育的看法：教育不是只传授知识，还要培养探索的心智。孩子只有发展出健全的心智，才能整体性地应对生活中的重重困难，而不会从困难面前逃跑。逃避问题只会带来内心的冲突，带来挫败绝望、痛苦烦恼和愤世嫉俗的心理。

2020 年疫情的时候，我选择离开职场，而后很长一段时间我都处于疲劳战中。离职手续办得非常快，事后很多同事佩服地说，真想不到永远雷厉风行的你连离职都是光速。事实上，一方面，我想得很清楚；另一方面，在最累的几个月前，我摸到自己乳房上长了一个硬块，第一次意识到，得赶紧去医院啊。

离开职场 6 个月后，我躺在了手术台上。打了麻药后，大脑依然无比清醒。我感觉到医生很用力地拉扯了几下，他把取出来的硬块直接送去活检了。我望着远处，几个大夫正在聊音乐，他们开着玩笑跟我说，嗨，别紧张。其实，我内心异常平静，真的感恩这个小硬块陪伴我度过忙碌的一段人生时光。这次我很幸运，并无大碍，半个多小时就出了手术室。主治医生告诉我，良性的，走喽回病房！

望向窗外，天空晴朗。我出了手术室，而我的身后还有很多病人，因现场活检出了问题，又被重新推进手术室再次手术。大家都清楚这将意味着什么，他们接下来的生活将会很艰难，甚至会艰难很长时间。但这就是生活，谁都会遇到逆境，无法逃避的人生逆境。

从 2020 年到现在，无论你身处世界何地，都和我们一样在疫情下求生存。女儿告诉我，她已经习惯了戴口罩的生活。有人说，我们就身处一个逆境时代。但逆境并不代替失败，相反，它可以成为力量的源泉。

如果没有这一次身体的预警，我也许还不会停下来等等我的灵魂；如果没有这一次疫情的突袭，我也许还不懂换一种生活的法则；如果没有真实地面对过逆境，我也许不会这么早地将生命命题提前纳入家庭教育的板块中来。

当然，这样的逆境，我在孩子身上同样感受至深，尤其是在女儿 7 岁，步入小学生活的第一年。

刚开学没多久，她就经历了人生第一次痛哭。孩子哭着说："妈妈，我没有朋友。×× 同学对大家说不要和我玩！"孩子的无助伤心让我也忍不住掉眼泪，爸爸坐在身边拉着孩子的手，面露难色。好在我很快让自己冷静下来，然后面对面地将孩子贴在胸前抱起来，我来回轻抚着她后背，静静地陪着她，帮助她释放情绪、缓解压力。直到她的哭声慢慢平缓了，我才轻轻说：“妈妈完全理解你，不开心的事就是要倒出来。”趴在我怀里痛哭了一个多小时后，这个小可怜才算完全平静下来。她开始和我讨论：“妈妈，我不喜欢 ×× 同学怎么办？”我告诉她：“你把小手攥起来，我们的心只有这个拳头那么大，你看看是不是很小呀？这么珍贵的地方，是不是只有重要的人和事才能放进去呢？不喜欢的人和事还有地方放吗？”孩子一下子就明白了，她立即擦掉眼泪说：“对，没地方了！”然后，她从我身上跳下来，转头就跑开了。

孩子面临的挫折远不只是这些。

小学一年级期末，她体会了一次从希望到失望的全过程。她本以为成绩优秀的自己，可以像在幼儿园时一样获得学校的重要奖项，结果她并没有获得；就连她认为自己势在必得的英语奖项，也没有得到。一连两次的失望，我和先生从她回家后的黯然神伤中都察觉到了。孩子用没事的口气掩藏难过，又在最不经意的时候悄悄告诉我：“妈妈，我很难过。”看着孩子的失望，我把她揽在怀里抱了抱。

面对人生不同程度的逆境，作为成人的我很清楚，早一点体验并不是坏事。孩子是不可能每次考 100 分的，孩子也不可能次次都获奖，生活的起起伏伏才是真相，能消化掉艰难的情绪才是更重要的。然而，在孩子社会化的过程中，学会面对竞争其实并不是最残酷的，最残酷的是，他们还需要学会面对生命，比如死亡。说到这儿，我们可能更需要正视一个问题，父母能保护孩子多少年呢？父母自己又由谁来保护呢？既然无法把孩子放入真空无菌的环境中养育，既然不能事事都挡在孩子前面，那就要着手培养一个充满韧性的孩子。

那么如何才能培养一个心理充满韧性的孩子呢？

儿童心理学家艾美·维纳尔在研究中发现，敢于积极应对挫折的人韧性更强，才能最终从巨大的挫折中走出来。维纳尔 40 年前在夏威夷就已经开始了研究。后来，历史上最致命的超强飓风之一——1992 年飓风“伊尼基”袭击考艾岛。这场飓风让岛上六分之一的人无家可归，但似乎放过了那些心理韧性强的孩子所住的地方。维纳尔通过研究发现，这些孩子的幸运是他们自己创造出来的。心理韧性强的孩子比其他孩子更善于做计划和准备。他们虽然无法避免暴风雨这一逆境，但却会提前计划和准备，比如用木板加固房子、购买保险，以及拥有必要的经济保障来应对损失。维纳尔认为，心理韧性强的孩子是“计划者、问题解决者和快速学习者”。而韧性差的孩子通常会选择直接放弃。

计划、解决问题和快速学习，也正是未来人所需要具备的能力。在本书中，我们将从不同维度对其进行解构，并且提供解决方案。我想告诉家长，心理韧性是可以培养的。

美国保罗·史托兹博士为此提出了“逆商”的理念，不仅在商业项目中开展了专项培训，也引起了高等教育行业里的重视，美国一些顶级学府甚至把“逆商”作为核心教学内容。在这里，我并不是要将“逆商”理念全盘引入家庭教育中。其原因是：一来，在儿童早期教育中，核心在于顺势引导，在于前置性地了解，而不是人为地制造新的难题压在自己身上，徒增焦虑；二来，这一代孩子遇到的问题同样在更新迭代，因而家庭教育更要及时跟上。有心人一定会发现，在本书中我很少提及情商、智商、逆商等词语，因为我很清楚，不论孩子天资如何，父母出于本能依然会无条件地爱他们；而且，客观地说，影响一个人成长的因素太多了。

从帮助家长的角度来说，我还想分享一下保罗·史托兹博士提出的 LEAD 工具。当孩子遇到压力、挫败向你求助时，你除了要保持坚定温和的态度，还要梳理好自己的思路，进一步帮孩子化解难题，起到有效的帮助作用。这样做，不仅能让孩子感受到善意的回应，学会乐观，还能为孩子抓住逆境下新的成长机会。

L = Listen　倾听自己在逆境中的反应

E = Explore　探究自己对结果的担当

A = Analyze　分析证据

D = Do　做点事情

也就是说，首先，要有迅速察觉逆境来临的能力，这样就可以迅速调整自己；其次，梳理出自己应该对结果的哪些部分负责任；再次，展开一个简单的质疑过程，得以审视并最终摆脱自己在逆境反应中的消极部分；最后，通过行动来解决问题。这个工具有一定的专业性，的确存在难度，但它提供的信息点很清楚，可以让家长在处理孩子求助的过程中，捕捉有用信息，增加方法判断，起到拨云见日的作用。

学会面对困难是人生的必修课，孩子需要获得足够的信任和尊重，这些信任和尊重是他们掌控自己、把握生活、应对挑战的信心和支持的最大来源；同时，这些逆境也是灵魂成长的机会。

大家一定会想问，有什么更好的方法吗？

我正在找机会，希望把去福利院帮助老人的计划实施起来。

写到这儿，并不能算作认知赋能的一个结束。事实上，认知是一件非常个人化的事情。结合我个人的生活经验和不同年龄段时对生活的不同感悟，我提供了这五个维度的认知，更多地是抛砖引玉，而不是标准答案。希望能够以我的见识和思考，尽可能带给你启发，共同帮助孩子认识外部环境，与自我建立良性循环的关系，这才是受益终身的。

在儿童认知赋能上，虽然并没有太多的资料可以借鉴，但犹太人教育的智慧让我印象深刻。在中国的家庭中，很多父母都在不断进步，不论是正念思维，还是科学育儿，都对家庭教育起到了很好的作用。建议你也可以结合自身家庭的情况，活学活用，争取思考出一套专属的认知方式，助力孩子成为自己的小主人。

一个人只有充分认识了自己，才能找到自己愿意为之付出终生激情的目标。

Chapter

6

# 内驱力赋能

## 孩子，你才是自己的主人

最近，马斯克的一段演讲被广泛传播。他指出自己成功的关键在于内驱力，而世界上最可怕的事情就是孩子没有内驱力。很多职场人纷纷转发，鞭策自我勿忘初心。不少家长转发，配文却是：最可怕的事情可能就要发生了……

孩子真的会没有内驱力吗？是孩子本身没有，还是有什么影响了孩子的内驱力呢？这是一个非常重要的话题。

首先，什么是内驱力呢？

从心理学角度来说，内驱力也叫驱力，就是内部驱动力，是在需要的基础上产生的一种内部唤醒状态或紧张状态，表现为推动有机体活动以达到满足需要的内部动力。

美国心理学家克拉克·赫尔认为，驱力是人格的能量单位。

弗洛伊德将驱力视为本能。

美国心理学家约翰·多拉德和乔治·米勒认为，驱力是任何一种足以激发行为的强刺激。

人的驱力可分为两大类：由饥饿等生理需要所产生的驱力称为第一驱力，亦称基本的、原始的或低级的驱力；由责任感等后天形成的社会性需要所产生的驱力称为第二驱力，亦称社会的或高级的驱力。

内驱力赋能这一章，我们主要探讨的是第二驱力。这些专业名词对于普通家长来说可能有点复杂了。很多人反复看了几遍，还是会感觉仿佛都懂了，但依然不知道该怎么做才好。

接下来，以马斯克为例，我们拆解一下内驱力是什么。

他说，他始终在想“什么是最有可能影响人类未来的因素”，而不是在考虑“什么是最好的赚钱方法”。所以，目标明确的他，从不扎进房地产、金融、石油这些行业来优化自己的身家数字，而是将所有的创造力、财富积累、激情和精力等都投入能够深远影响人类生活的事情上。要么不做，要做就做历史性的。在这个过程中，他强调，他不介意冒险。从他的思想和行动轨迹上我们能看到，他始终如一的自主感；他总是不断尝试，从不同维度去接近目标，让自己成长为能将世界变得更加美好的胜任者。

很多采访报道谈到了他的童年家庭。虽然他经历了父母离异，但在他成长的路上，母亲始终爱他、支持他，并以身作则，给予他充分的自由探索的机会。

家长作为孩子成长中不可或缺的重要部分，在赋予孩子内驱力这件事情上，任重道远。因为激发一个人强烈的自主感，需要从小开始。

孩子的成长是由内部和外部两个不同方向的力量来驱动的。有些家长之所以会感到茫然不知所措，是因为孩子的内在驱动力是看不见摸不着的，客观上容易忽略它。事实上，很多家长已经很用心了，花了很多的时间养育孩子，甚至读专业书籍，请教高手如何培养孩子，不仅会花钱进行物质奖励，而且有时候也会严厉地来一轮抗挫折打击教育。但越是动用糖衣炮弹式的外部驱动，家长反而越会忽视孩子本身的内在驱动。久而久之，会产生剥夺孩子本身的想法和意愿的情况。

生活中这类案例不少。多年前我曾看过毕淑敏的《女心理师》——这段时间被改编成了热播剧，其中蒋静的故事引起了我的深深共鸣。她在妈妈密不透风的爱和极端严格的管理下，出现暴饮暴食然后呕吐的行为，精神状态非常混乱。母女间的冲突是：妈妈希望她弹琴，而她想打鼓；妈妈希望她穿优雅的白色长裙，可她出门一把将长裙扯掉，露出里面自己喜欢的背心热裤；她不希望妈妈翻看她的课本，但妈妈说凭什么不可以……这对母女之间的拉锯战爆发了，女孩痛哭着嘶吼：“我不想活成你想让我成为的样子，我不想要这样的生活，你告诉我为什么，你要这样困住我！”这是一段还原度很完整的表演。其中的心理问题是很复杂的，我们不在此深究，我想说的是，这个案例暴露了核心问题——谁才是自己的主人。妈妈总是想要成为孩子的主人，不允许孩子存在自己的想法，更别提付诸行动了。这位母亲用外在的压力抑制孩子的内在动力，进而造成关系错位，酿成悲剧。

你一定有所感觉，读这本书的时候，我始终在推动家长去挖掘孩子的自主性，不论是自主学习，还是自我驱动，重点都应该放在孩子自身。对于家长来说，在“如何做”之前，记得先给自己定一个小目标——“看见孩子每一个小行为的背后”，受益将更大。

## 01

## 外在的评价体系，要基于激发孩子的内在动力

我们这一代家长和上一代最大的区别，或许就在于夸奖孩子这一点。这一代家长再也不会吝啬对孩子的表白，“宝贝，你真棒”更是时常挂在嘴边。但马斯克在讲内驱力的时候，提出一个重点的议题，他认为今天孩子学习和进步的动力几乎全部来自外在的压力和奖励。结果是，孩子既不会有宏伟的目标，也不会有坚忍不拔的毅力。

那家长也许会产生疑问，夸奖孩子难道又不对了吗？

我可以肯定地说，夸奖孩子绝对是好事，说明你已经能够带着欣赏的眼光，全然地接纳自己的孩子。在网络上，有很多文章手把手教你怎么夸孩子，包括用夸努力代替夸聪明，用具体夸代替泛泛夸等。建立外部动力肯定是必要的，可以对孩子的行为进行及时反馈。但智慧的家长不会只停留在这一步，会再深入一步提醒自己：“如何夸”的背后是“有效夸”。夸奖孩子、评价孩子、奖励孩子，每一个行为要指向哪里？我的答案是：要认识并看见孩子的内在动力在哪儿，进而有效地调动它们。

举个很多家长头疼的例子：孩子放学举着小卷子回家，高高兴兴地给你看，你一看成绩很一般，这时候该说什么？

**首先忘掉分数。**

孩子考多少分不是重点，重点在于你是否有读懂孩子状态的能力。孩子是知识点没消化，是粗心导致的，还是因其他活动而没顾上学习，不同的问题解决思路亦不同。此时，孩子需要的并不是家长说一句“宝贝加油，下次你就能考好”或者“提醒你多少次了，下次记住检查”这类脱口而出的反馈。来，我们解读一下：第一句看似给了鼓励却缺乏明确的指导，这样的信任孩子其实并未感受到；第二句看似给了检查的指导，但孩子并没有具体习得。所以，这样的反馈基本属于无效沟通，很难真正起到作用。

那应该怎么做呢？我使用的方法是：

第一步，带着孩子一起分析。一定要先分析对的，再分析错的。重点是引导孩子说出来做了什么才能做对题目，什么没做才会遇到症结问题。这样做的目的是，先肯定孩子的能力，再鼓励她找到自己欠缺的部分。

第二步，通过这样的引导，孩子通常能对自我进行正面的评判了。她可能会说：“做对是因为我上课非常认真，完全记住了；做错的部分是因为没有时间检查了。这样做的目的是帮助孩子主动地进行自我评价，而不是被动地接受来自外界的评价。

主动相较于被动，可以减轻压力。这里，首先要肯定孩子上课专注效率高，同时指出未来具体可以提升的空间在哪里。

第三步，发现问题中的问题。通过细问，原来孩子的问题在于没有时间检查。在孩子眼里，这是因为老师没有明确说出要预留检查时间。那家长就可以顺着“时间应该掌握在别人手里，还是自己手里”这个话题和孩子进行讨论，让孩子意识到不同老师风格也不同，有的老师会说写完要记得检查哦，有的老师则不会。但不论老师提醒与否，检查都是自己的事，是对自己学业负责的一个必要环节。因此，就算老师没有提醒，也要自己分配检查时间。

第四步，针对具体问题进行专项练习。我们以大部分孩子都会遇到的“检查”为训练目标，每天来练一练。当然，家长不能光动嘴——这样只起到提醒的作用，还要带着孩子去做。比如检查数学，我会边出声边检查，并且将具体花费的时间和结果反馈给孩子。孩子非常聪明，很快就理解检查的妙用了。虽然说是专项练习，但事实上，孩子的一些小问题只要几次就能调整好。只有具体的行动，才能减缓家长面对分数时的焦虑。

在上述的具体分析中，我着重于撬动孩子对自我进行积极评价，从而让她意识到，她才是自己的主人，而妈妈会站在旁边鼓掌，起到陪伴和帮助的作用。妈妈既不是保姆，也不是小皮鞭，更不想失态地吼叫。人必须学会对自己负责。

**接下来说说奖励。**

“宝贝，你考 ×× 分就给你买 ××”，这种直接奖励我完全不提倡。孩子告诉我，同学们说如果考 100 分就能去游乐场，如果考 100 分就能得到全套的奥特曼卡片……我通常会明确地告诉孩子，在咱们家不会为了推动你的学习制定任何奖励。不管是去游乐场玩，还是想得到某个玩具，都不能和学习混淆在一起。家长提出这些奖励的初衷是好的，但是方法出了错。

我们要弄明白，到底是要激发孩子对学习的好奇心，还是要激发他们用成绩换取玩乐的欲望？

你一定会说，您这位妈妈太严了，你们家是不是完全没有奖励？

当然有。女儿参加学校的讲故事比赛，最初处于劣势，得票很低，到第二轮意外反转，直至最终她代表年级登台，获得了最佳表现奖（实际上参与者人人有份）。当天晚上，我们便在家里举行了一个小小的庆祝仪式，每个人都向她表示了祝贺。我握着女儿的手说：“恭喜你第一次登台成功，但最厉害的是你相信自己，没有气馁。”当蜡烛点亮时，我能感受到女儿眼睛明亮，内心充盈。正因为我陪着她经历了从头到尾整个过程，所以我看到孩子反转局面拿到最终比赛资格的激动，甚至强烈于获奖当天的。奖励的重点一定不是为了激励她多得几个奖，而是在于鼓励她对自己的掌控能力和专注淡然又自信的心态。

而孩子们希望获得的玩乐奖励，我会提前安排在各种假期中，甚至想到孩子的前面，这么做是为了让孩子知道，玩也是生活的重要部分。当孩子的内在世界不被物质所束缚，不依赖物质奖励的时候，他们很清楚自己应该做些什么；同时，更不会因听到别的小朋友考 100 分能获得某种奖励而心生羡慕，或者心理不平衡，对父母产生不满。

**最后来说说评价。**

孩子一天天长大，进入社会环境中后，难免会被摆在一起比一比，谁画得更好、谁写得更好等。来自社会多维度的评价体系或许很难改变，但是，我们可以做到的是——让孩子知道她就是她，她的自信应该是由内而外的，而不应该依赖外界的评价而建立，更不应该被影响，甚至是被摧毁。

我的一个好朋友是个艺术家，她最近十分烦恼。因为她一直鼓励孩子放飞想象力，没想到孩子在学习写小作文这件事上备受打击。老师对孩子的作文评价很差，比如，没有用好词好句、故事离奇、不合逻辑等；最后，老师给孩子的建议是背范文。不论是孩子，还是她，都觉得难以接受。她吐槽说，都想举报老师了。她的理由也很充分，创作本来是个由心而发的事情，为什么要变成复制？她问我怎么办，我们聊了很多，最终落点在“评价体系的权威到底属于谁”。当这个问题被理性地掰开揉碎了之后，我们很快发现，老师也好，家长也好，其实都只占一部分。回到孩子写作文这件事上，不同阶段练习的目标不一样，从最开始的看图写话，以观察来带动看到什么写什么；再到围绕主题展开，以知识运用、案例生动、表达自信来带动写人、写物、写事等；再到不同的文体写作，调动孩子学会在不同情境下的表达。梳理后确定了目标，朋友决定再找老师沟通沟通。背范文虽然快速见效，但效果只是一时的。在当下强调培养想象力的背景下，过分强调技术有可能打击孩子的表达自信，有可能刺激她再也不爱写作文的逆反心理。

找到了评价的驱动点，孩子才能获得“受用的评价”。

事实上，朋友遇到的这个难题，很多家长都遇到过，尤其是当孩子总被比下去时。作为家长中的一员，我有两层体会。

第一层，“像欣赏自己的孩子一样，欣赏其他孩子”。

大多数家长的视角是单一的，只看得到自己孩子的表现。而老师的视角较宽广，不同孩子的表现或是作品都会尽收眼底，所以相较而言，老师更能提出综合评判。每个人的审美都不相同，但总会有一种好是大家公认的，那么，我们就要引导孩子学会欣赏。

第二层，“没有被老师选上，并不代表你不好”。

随着孩子年龄增大，家长更应该不断帮孩子加固自我认可的能力。因为很多时候，就算孩子写得不错或画得很好，依然会遇到“被比下去”的可能。对于敏感的孩子，或多或少会影响信心，久而久之固化了“我不行”的思维。很多次，我看着女儿忙到很晚，又要画又要写，累到闭目半天还要再继续时，我忍不住问她：“宝贝，你这么努力如果没被选上会不会很失望啊？”她说不会，首先得自己满意啊，而且做得好一点，就多一点被选中的机会。孩子的心智也在学着坚强，我倒是认为，家长及时帮孩子减压比“鸡娃”更智慧，比如告诉孩子，“创作时自己享受更重要”“审美就是有个人主观的判断，没选上不代表你不好”。要知道，当孩子内在的驱动源于“我想做”“我觉得有趣好玩”。当孩子始终在调动自我的时候，不论结果如何，都不会影响过程中的努力和投入。

面对评价，最积极有效的方法是帮助孩子不断建立并加固自我评价能力。这样做的好处是，孩子不会受外在的评价体系的影响，不仅能安然地享受自我的创作和表达，而且还能够继续面对新的竞争和挑战。

02

## 正视并善用孩子成长的动态能量

做母婴媒体主编多年，对我最大的影响是不再轻易给别人答案。有不少读者问我，孩子不喝奶，孩子不听话，孩子学习差怎么办？这种当下的焦虑我完全能理解，但我更想说，家长首先要学会面对孩子成长的动态性！很多朋友都对我说，你不当一位网红专家简直就是浪费，把女儿养育得这么好，为什么还是谨言慎行呢？原因同上，女儿成长一路动态，我何尝不是随时随地打起百倍精神应对各种问题，包括孩子的难题、父母的难题，甚至是家庭的难题！

很多家长苦恼地说：

“我的孩子之前不是这样啊，他特别好，不知道为什么最近越来越不听话！”

“我的孩子从小就爱看书，家里到处是书，上学了竟然一本也不看了。”

“这小孩从前特别懂礼貌，看看现在，天天招猫逗狗的，让人烦死了。”

这些话在我看来，大多暴露了家长无法理解或接受孩子处于不断变化中的事实，更不能接受这个变化是变差或者变坏。

如果你能正视孩子成长的动态特质，那么就不会纠结孩子一时的表现了。我做过一个小范围的调查，发现其实家长们心里都清楚：孩子的成长是一幅动态图；只是家长很难接受孩子的不稳定或下滑，尤其是在孩子最初的求知阶段，总体趋势一路上扬的时候。但是我们细看这条 k 线，便可知起伏本就是人生常态。

这也是为什么我要特意提出“孩子成长的动态特质”。对人生的理解越多，对教育的认知就越会回归到对人的认知、对生命的认知。孩子的成长既然是“动态”的，那就意味着不是恒定的，不可能全部按照轨迹发展，毫不偏离，尤其这轨迹图还是家长画的；同时也意味着家长要允许孩子有进步、有退步、有起伏，接纳这些成长常态；还意味着养育孩子的目标不是好分数，而是平和地面对人生起伏的心理状态。

2021 年有几个爆炸性的新闻：

一向表现挺好的一个孩子竟然一大早在学校跳楼轻生；美国著名大学的中国留学生 ×× 被枪杀；一个班的几个孩子相约一起自杀……中科院心理研究所发布的《中国国民心理健康发展报告》显示：我国青少年抑郁检出率为 24.6%，其中重度抑郁的检出率为 7.4%，检出率随着年纪增长呈上升趋势。

这些案例都极具独特性，我们不能以偏概全，也不是要拿篇幅来分析这些事件。但必须要引起重视的是，这些血淋淋的事件不断地警醒身为家长的你我，要看见孩子，要看见行为的背后藏着什么。

孩子成长的动态图谱是重要的晴雨表，有高峰有低谷，我们不能坐等到无力挽救时而追悔莫及。除了正视孩子成长的动态特质之外，家长还要善用孩子成长的动态能量，以此来撬动孩子积极发展自我的能力。

《自驱型成长》中提到：当学生有着“固化心态”时，他们会认为自己犯错误是因为能力差，所以只能认命；相比之下，当学生拥有“成长心态”时，他们则会把注意力集中于自己的努力上，并以此作为获得更大成功的手段。

帮助孩子从“固化心态”向“成长心态”转变，是家长在孩子波动的阶段要不遗余力来做的重要事情。

我认识一个很独特的女孩，虽然才五六年级，但总是一身黑色卫衣，短发挡着眼睛很神秘，跟别人说话也是酷酷的，很有个人风格。就算孩子之间打闹玩耍，她也是一副冷酷的坏姐姐形象，把小朋友们吓得一惊一乍的，但孩子们又都喜欢围着她。在她父亲眼里，这个孩子让人直摇头，总结来说就是乱七八糟，不知道在搞什么。孩子妈妈则很柔和，说孩子只是很有个性。妈妈和我聊了一些细节，孩子成绩实属一般，刚给她转了学，因为她沉迷制作动漫手工，活在二次元的世界里，在之前的学校显得格格不入，甚至被贴上了“不务正业的差生”标签。孩子在这种“差”的定义中成绩难免一落再落，父母没有更好的办法，只好动了给她转学的念头。可喜的是，她现在反而因为手工制作的能力被新学校认可，她的作品也屡次被展出，孩子重新找到了信心的支点。

孩子不再将自己困在“成绩差”的陷阱里，反而因为精于手绘，动手能力突出，制作的手工玩偶造型逼真，并且在活动课上被同学们竞价买走而自信心大增，而这些都成了她“创造力强”的新的佐证。

在这个案例中，女孩的妈妈立场很明确。面对成绩下滑、越来越沉默的女儿，妈妈并没有焦虑。妈妈虽然经常半夜透过门缝看到女儿熬夜，并不是在读书做题，而是在画设计图、在缝纫机前修修改改，但从没有阻止过孩子，尤其看到孩子沉浸又投入的状态更不忍打扰了。

在成长过程中，孩子也在不断地寻找自己的乐趣所在。这位妈妈选择了尊重、理解，并默默支持，给予孩子自由的空间，这份信任对孩子的一生来说是无价的。

研究还发现，具有“成长心态”的学生更重视学习本身的意义，而非关注成绩。培养孩子的“成长心态”，提高他们的控制感，是促进其情感发展和助力其学业进步的最佳方法之一。这位酷女孩更是重获了成长的感觉，重获了对自我的掌控感，她相信自己有能力在自己喜欢的事情上变得越来越好。

正视并运用成长动态的能量，实则是将关注点落在孩子的兴趣和信心上，而不是将重点放在让孩子沿着家长规划的轨迹上行进，更不是要将所有的精力放在孩子做事情是对或错的细节上。

举个常见的例子，很多家长都非常重视睡前阅读。不同阶段的孩子其实阅读的重点也不一样，年龄小一点的孩子重在养成兴趣和习惯，年龄大一点重在养成一种生活方式。在这个过程中，家长如果全程紧盯，孩子读一句家长纠错一句，很快就会发现，孩子的兴趣开始减少，甚至会躲避那个总是挑刺的家长。

“孩子怎么这样不听话，指出错误难道不应该吗？”当孩子将后背转向你时，你头脑里蹦出来的这个想法其实是控制型思维的表现，它只会激发孩子的逆反心理。“保护孩子阅读的兴趣比读得准确、发音标准更重要。”这个想法才有利于继续驱动孩子的兴趣和信心。试想一下，如果孩子连拿起书的兴趣都没有了，那还何谈读得对与错呢？

智慧如你，一定能很快理解孩子的成长是动态的，应该让孩子自己来决定目标。适时地放手，让自己的眼里揉得进去沙子；放弃一些成人对事物固有的评价，养育一个葆有学习乐趣和有自信心的孩子。如此一来，他们学会自我纠错的能力指日可待。

## 03

## 把决策权还给孩子，让孩子自我驱动

“让孩子自己决定目标，把决策权还给孩子。”听到这句话，我想很多家长一定会说：“哇！这不是认真的吧！孩子尚小，他们能决策什么，家长敢让他们决策什么，后果和风险谁来负责呢？”

既然有难度、风险比较大，就更值得我们好好探究一下了。都说风险和收益成正比，但养育孩子和做金融资产投资不同，家长们无法抱着资产收益表来指导下一步怎么走。养育孩子最抗风险的行动是让孩子独立起来，这样才不至于养出无法脱手的妈宝娃、啃老族。

我知道，很多家长难以接受这个建议，主要问题在于无从下手。事实上，我想告诉你，方法和技巧肯定有。来，我们了解一下。

**第一，相信孩子的感知力，他们完全知道怎么做能让自己处于恰到好处的自由探索区。**

得出这个结论，源自我的亲身体验。

女儿刚 1 岁时，我很喜欢带她去接触别的小朋友。恰好一个同行朋友组织了一个小型聚会，向我们发出邀请。虽说是同行朋友，但我们过去并没有什么来往，只是属于同一批高龄妈妈，大家内心都希望多些机会交流吧。我们如约去了朋友家。意外的是，我的天使宝宝从头哭到尾，甚至都不肯从我身上下来，她的小手指着门口，明显在说赶紧走。朋友家的氛围在我看来比较自由随意，大人们听音乐、玩乐器，几个已经到场的小宝宝爬上爬下，来的客人看起来不算熟悉，但都怡然自得。

不过呢，越是随意，传递到人心里的越是冷淡。不同的是，成人会学着社交让自己尽量适应，孩子就会表现得很直接。那是我第一次清楚地体验到孩子强烈的感知力，她有明确的判断，什么样的环境会让她坐立不安，什么样的环境会让她如鱼得水。由于孩子一直哭闹，我们很快就告辞了。有意思的是，孩子一出门就没事了，一秒变回天使宝宝，高高兴兴地去餐厅吃饭了。

说来也怪，后来我和这位朋友很少联系了。我偶尔想起那天的场景，更多的感触是要相信孩子与生俱来的感知力。相信孩子，鼓励她去做一些选择和决策，并且以尊重的态度投她一票。

黄静洁老师在《父母的格局》中写的在纽约带孩子去选学校这一片段，我很有共鸣。孩子心中之选，既不是最漂亮的，也不是最宽阔的，而是一座小而美的学校。孩子的选择虽然在她的意料之外，但她尊重孩子的选择。

这样的故事还在不断发生着。不论是选择玩耍的小伙伴，还是选择能点燃自己热情的兴趣课程，孩子都在努力调动自己的感官本能，并且积极地适应、探索，直到学着自己做出决策。

**第二，放手决策首先从孩子的身体管理练起。**

信心十足地建立了对孩子的信任和接纳后，接下来，我们要来界定一下放手决策的原则。并不是有了信任就可以“大撒把”，帮孩子顺利过渡是家长的必修课。

我的建议是，首先从孩子的身体管理练起。

身体是属于自己的，很多家长已经有了帮孩子树立隐私的意识，爱护身体、管理身体都是非常重要的事。具体来说，教孩子学习如厕、洗澡，到生病的喂药、打针这些事情，其实都是最好的准备和过渡。只要家长有足够的耐心来引导，孩子便会萌发决策权的启蒙种子。

做了家长几年，我们都是过来人。面对生病发烧的孩子，吃药艰难，打针艰难，家长不得不采取生拉硬拽、威逼利诱、捂眼灌药等方法。结果呢，每次喝药打针一场哭号就像浩劫，全家齐上阵都累得一身汗。我女儿上幼儿园第一年生病次数最多，我们不分节假日地经常跑医院。那段时间，让我印象最深的是医院里孩子的哭闹和家长焦躁的脸庞。说实话，在那个情境下，基本上没有人能耐下性子来和孩子讲清楚，孩子将要做什么，为什么必须要这么做。

环境紧张，时间有限，孩子恐惧感加强，不想加入混战应该怎么办？

此时此刻，是特别关键的节点。

家长是孩子的第一负责人，但身体是属于孩子自己的，家长有必要和“当事人”好好交流他身体的情况，以及和医生商量之后接下来该如何做。孩子虽然年龄小，但也不能完全处于被动，不应该被置身于盲区。家长只要耐心地和孩子说清楚，这样即使环境再混乱，孩子感受到的仍然是尊重和平和的安全感。

我女儿不怕打针，不论是幼儿园还是上小学后，每次体检时打疫苗她都是全班最安静勇敢的那个，也愿意第一个上前给其他小朋友做榜样。她的这股勇气源于她从小的体验感受。

有一次，孩子因发高烧去验血，那是她第一次打针。公立医院排队的人非常多，仿佛大长龙上的流水线，终于轮到自己时，夫妻齐上阵，一个捂眼睛，一个把孩子胳膊或手指按住，和护士紧密配合，随后便传来孩子一声高八度的哭号。我抱着孩子在旁边待着，爸爸在排队，整个过程我们都看在眼里，小脸烧红的孩子一个劲儿地往我怀里躲，我感觉到她在害怕。

是强迫孩子也陷入这个循环中，还是跳出循环换一个思路呢？

我低声跟孩子说：“你想不想看一看护士阿姨是怎么打针的？”孩子点头。我抱着她走到打针窗口旁边四五米处，在她看的时候，顺便将打针的细节讲解给她。我告诉她，打针会有一点疼，但护士阿姨非常有经验，速度快、动作轻，而且给小朋友的针头非常细，这种痛感就像小玩具戳一下。

然后，我用手指在她的胳膊上模拟了一下。不到3岁的孩子完全能听明白，她一直伸头在观察，估计在对照妈妈说得对不对。很快轮到她了，她还是不愿意，我决定让后面的人先打，然后就带着她到旁边再玩一会儿。那天，我们大概多等了十几分钟，直到孩子说她准备好了，我和爸爸才带她上前。结果很顺利，女儿趴在爸爸肩头，表情多了些胜任的满足。我看着她的眼睛说：“宝贝，你战胜了一个叫害怕的小怪兽，真是太了不起了！”

吃药也一样，孩子低龄时，不论是甜的草莓味药水，还是苦的中药汤，都不喝。喂药这个环节都太难了。除了借助一些喂药神器之外，我也比较鼓励跟孩子做一些游戏，目的是让孩子获得主动感。通过玩游戏，以及耐心的沟通，可以增加孩子下判断的主动性；同时，给孩子充足的时间，让他们能够接受挑战并战胜自己。在通常情况下，孩子是可以做出有利于自己的选择，并且战胜内在恐惧的。虽然耗时耗力，但是只要多一些用心，效果通常很好。

有了这些体验之后，女儿基本上没有再在打针、吃药等事情上陷入不安之中了。就算偶尔面露难色，只要我抱抱她、鼓励她，她通常都能坚信地回应："我决定了，可以！"

这些关于身体的决策，需要孩子自己去了解，找到自己的定位。尤其是第一次时，家长要做的就是帮孩子扫盲，建立信心。每个孩子都有非常强的主动适应能力，我们完全可以相信他们。这些看似充满挑战的事情，都具有里程碑的价值。从身体出发，保护身体隐私，爱护身体，非常利于孩子们在成长路上，一步步地学会自我管理、自我决策，形成自我驱动的基本动力。

**第三，放手决策，让孩子从必须亲力亲为的事情练起。**

除了身体，孩子的学习成长也是无法由他人替代的，所以，同样需要他们早早树立自我驱动和自我决策的意识。很多家长会反驳，如果让孩子自我决策，他们肯定选择打游戏啊。我想说，如果你真的信任自己的孩子，孩子也一定不会辜负你的信任。

我在实操的过程中，采用的就是从小选择，到中选择，再到稍大的选择的方法，一遍一遍地去尝试——"你自己的事情听你的"。

在美国威廉·斯蒂克斯鲁德的《自驱型成长》一书中，作者也特别讲到并不是所有事情都让孩子做决定，而是在属于孩子自己的事情中，比如学习、时间管理、身体管理等，培养孩子萌发“做决定的感觉”。在女儿的第一个假期，我和女儿就遇到了关于时间安排的分歧。我的逻辑是分轻重缓急，先做没完成的作业；孩子的逻辑是先做喜欢的事。有了“放手决策”这个认知，我意识到：只有激发自身的内驱力，才能够养成自我学习、自我管理的习惯。

以假期的英语学习为例，面对火山主题的科学内容和非洲动物主题的阅读两个选择，她给自己的安排如下：

1. 早上起来，交替阅读火山绘本或非洲动物故事书。

2. 完成阅读后，再做从中延展出来的动手实践部分。比如火山的主题，按照科学老师的要求，她会动手制作火山并涂色，准备好用来做实验。在制作的过程中，她会请我来一起弄。我涂颜色的时候，她说：“你可以将颜料用泼洒的方式，这样更像自然岩浆的质感。”在整个过程中，她能很好地理解火山爆发的原理，清晰认知地核、地壳、地幔等专业词语，还能组一些短句。

3. 最后，她还会完成手抄报作业。因为都是自己读完、做完的，所以她动手写写画画的这一步完成得非常快。

在孩子自己的安排部署下，她的假期任务完成得相当高质量。比较直观的感受是，孩子对待事物很有见解，主动权始终掌握在她自己的手中。我呢，充当辅助角色，基本不用催孩子。对于自己有兴趣的主题，孩子可以自我驱动，深入了解，不断满足自己的好奇心。动嘴、动手、动脑，一点一点地完成，不疾不徐，心情愉悦，那安静专注的样子很难不让人相信她经历过很多心流时间。

这就是一个典型的激发内驱力的例子。在孩子建立这样的自我决策习惯时，家长和孩子的关系很微妙，需要不断地调整：孩子的主动性不够时，家长多一些引导和提点；当孩子越做越好时，家长就要适时地后退放手。

总之，理性在前，感性在后，目标就是帮助孩子做自己的小主人。当孩子的世界都是自己了解的和舒服的情况下，他们的创造力，以及他们想创造的动力，就达到了最旺盛的时候。

## 04 建立自我信任，持续激发内驱力

通过前面的梳理，我拆解了人的内驱力。不论是外在评价体系这个无法回避的干扰项，还是个人成长曲线的时刻波动状态，以及回归到孩子自身的决策权，主旨目标都很明确，就是多维度地让孩子不断建立对自我的信任。

建立自我信任，实则是在心理上形成自我效能感。“自我效能”由美国斯坦福大学心理学家阿尔伯特·班杜拉于 20 世纪 70 年代首次提出，在 20 世纪末已经成为教育界的一个关键理念。自我效能是指人对自己实现特定领域的行为目标所需能力的信心或信念，简单来说就是个体对自己能够取得成功的信念，即“我能行”。自我效能感高的人会认为，通过努力改变或是控制自己就能够获得满意的结果；而自我效能感低的人则会认为，结果都是由环境控制的，自己无能为力。

通过上面的解读，身为家长的我们应该能够清晰地意识到，帮助孩子建立自我信任感，需要抓住手中的各种机会，即使没有机会，也要创造机会。

我应该和大多数家长一样，会把握住手中各种机会来帮助孩子。比如，我会围绕孩子自身的兴趣全力以赴地帮助她。

在前文中，我分析过她在演讲这个小项目上如何建立自我信任的过程。前几天跨年夜，全家进行了自我总结，然后女儿临睡前说，2021 年她比去年进步了，获得了几个来之不易的奖状。在孩子的自我评价里，我感受到了她对自己的满意。

趁着这个激励劲儿还热乎着，她又迎来了开年的第一次滑雪队选拔赛。说实话，对于滑雪这个项目，我和先生本着重视过程大于结果的精神，积极鼓励孩子参与，但内心都默认孩子八成是选不上的，毕竟无法花大量时间训练。所以在跟孩子的沟通中，我分了两步走。第一步，积极准备，逐字逐句地给孩子讲清楚比赛规则、流程，并且和孩子一起研究路线图；同时，还花了一些时间分析如何比赛，如何利用两次机会，最终取得最好成绩。这是女儿第一次参与体育竞技比赛，我给她引入了“自我竞赛”的思路，引导她采用第一次稳定发挥自己的水平，第二次要向第一次的成绩发起冲击的方法，这样能够获得更好的成绩。第二步，心理减压，以闲聊的方式，区别竞技选拔赛与滑雪本身的不同乐趣。参加竞技比赛大多数人都会紧张，只有放松心理才能享受比赛本身。

比赛结果很快出来了，让我们意外的是孩子取得了年级组第一名的好成绩。知道了自己的排名，女儿兴奋不已，直到晚上睡觉前才稍稍平静下来，她抱着我说："妈妈我能行！"

孩子的个头不知不觉地长高了，让我们不禁感叹时光匆匆。要知道，孩子相信自己一定能行，不断地建立自我信任的重要信念，就是在一件件小事情中日积月累起来的。

如果说，我是积极抓住机会全力以赴地帮助孩子的赋能者，那么我接下来要说的这位男孩的妈妈，则是积极创造机会，扭转孩子现状的赋能者。

这位男孩妈妈让我佩服的是，当社会给孩子打上了"差"的标签，当养育男孩确实比想象中难时，她始终站在孩子这边，自创机会主动改变，一步步帮助孩子成为那个"我能行"的棒小伙。

她是怎么做的呢？

她用的方法就是，无限地放大孩子感兴趣、有潜力的地方。这个男孩调皮好动，在学校并不是耀眼的小星星；虽然活泼可爱，但在学业方面不尽如人意。这位妈妈并没有被成绩唬住，而是采取逐个突破的方法，先利用自己中文专业的优势来帮助孩子提高语文能力。她也没有陷入刷题的机械重复中，而是利用假期孩子们在院子里玩耍的机会，带着一群孩子读读古诗赏赏花。当一群孩子七嘴八舌地讨论着诗句和诗人的用意时，男孩也产生了兴趣；当妈妈的身份不再是监督管理员，而是变身为一起讨论的小伙伴时，孩子的热情更高涨了。有意思的是，假期结束一开学，老师就反馈说，男孩上课积极回答问题，他的见解和理解力都有了质的飞跃。虽说其他的课程还没有明显的提高，但他学习的状态发生了明显的变化，就连老师也很吃惊。而这都是孩子对自我的信任感增强的结果。

这样的故事还有很多，都非常触动我。当一些孩子不容易或者不喜欢在群体中争取到一些机会时，家长适时补足、创造机会就显得尤为珍贵。家长是最了解自己孩子的人，也只有家长才能够有针对性地为孩子创造新的机会，挖掘孩子的闪光点，进而帮助他们不断产生信任自我的信念，这样他们才能获得更高的自我效能感。

在成长的过程中，如果孩子能够不断地产生对自我信任的积极感受，就不会再害怕，就会有动力不断地驱动自己，克服艰难，勇往直前地奔赴自己的方向，成为独特的自己。

Chapter

7

# 审美赋能

## 从身体到头脑，再到心灵雕塑

在我的职业生涯里，有十几年的时间在从事时尚媒体行业，也就是专职“研究美”。多年浸泡在巴黎、纽约、米兰、伦敦四大国际时装周，巴塞尔钟表展，米兰国际家具展的我们，被称为受过专业审美训练的一批编辑。

审美，只是审视评判美与丑吗？

被大家提及的审美能力，究竟指的是什么？

在这本家庭教育原创作品中，我选摘了袁鼎生在《教育审美学》中提出的一句话：“审美既是感性的，又是超越感性的，是在感性中体验到积淀着的理性内涵。”

当然，你我经历背景不同，理解也不尽相同，我的实例仅供参考。

做一线编辑那些年，我所在的媒体主要研究欧美潮流趋势，研究亚洲女性的职场穿搭文化，采访记录中国时尚行业的发展变化，探寻美的源头，带动女性生活品质的提升和城市经济的发展。

让我印象很深的一次经历是，刚参加完英国伦敦 BURBERRY 大秀活动，在品牌工作人员的陪同下前往摄政街 BURBERRY 旗舰店参观。这里专门设有一层博物馆，讲述风衣在面料、功能、款式等设计细节的变迁。透过风衣这一款单品，就可以了解到战争年代、黄金时代、摩登时代不同的生活样貌。一件服饰或许太渺小了，但服装的背后折射的是人们积极生活的智慧和勇气。一件风衣的材质，从最初扛风扛雨的厚帆布，再变成细腻皮革，变成撩人蕾丝等，映衬着不同时期人的气质、神韵和风骨。这款知名的风衣甚至被喻为永不言败的代表。

这是时尚文化中“研究美”的一段过程。对于国际超模所展示的美，我们忍不住赞叹的同时，也要挖掘其背后蕴藏着的创造者不断迭代的生活智慧。

每个人理解美的标准不同，结果亦不同，但是感受美的能力，却大抵相同。近期有一个非常典型的案例，日本花滑男单选手羽生结弦，他的花滑作品被世界各地冰迷深深喜爱。2022北京冬奥会，虽然羽生结弦仅获男单第四名，但他的表演赛《春天，来吧》却让人忍不住落泪了。他身着樱粉色的考斯藤，像瓣瓣樱花飘动飞舞；在音乐的慢板节奏中，他俯身轻吻冰面，以高难度的滑行技巧展现了竞技运动之上力与美的创造力。

当天比赛一结束，他的关注度就超越了前三名爆升热搜头条——网友集体评论“想哭”。这分明就是大众对于美的感染力的高度共鸣。

深究原因，羽生结弦对于花样滑冰运动的理解没有局限在一项高难度的体育竞技运动上，而是把比赛当成一件精心雕琢的艺术作品来完成。基于运动员的身份却怀抱艺术家的审美追求，羽生结弦的表演扣人心弦，是他对个体极限的挑战，追求创造者突破自我的坚毅精神。

这些不同维度的案例，实则都在表达：审美的过程，除了发现美、享受美、审视美，更重要的是感受美、创造美，以及如何运用美来驱动内在，推进社会发展。

女儿 3 岁时，我有幸担任《父母世界》中文版主编，从女性时尚领域转入儿童养育、教育领域。这也是我对审美有更多感悟和思考的契机，对曾任北京大学校长的蔡元培先生在 20 世纪初就提出来的“美育救国”有了更为深刻的理解。

我们用心养育孩子，最重要的目标是让孩子养成健全的人格走向未来，经历人生的高高低低，仍能感受到人生艺术化的意义。

人生不如意十之八九，不论是身边的人，还是历史人物，谁又能躲得开？李煜在《虞美人》里思量着如何面对人生的绝境，李商隐的《锦瑟》又何尝不是在共鸣人生的低谷和无可奈何？

时代变迁，美育的影响力和意义始终都在，家庭作为儿童早期发展审美赋能的基础土壤，父母完全可以运用好手头资源——不论是自然环境，还是艺术启蒙，帮助孩子创造合适的机会。

人类始终在发展，无论是顺境还是逆境，都生生不息。

迎接未来的孩子，是否能够拥有审美素质，建立美的信念，养成对美的敏锐感知，葆有人之初时的想象力和创造力，成为灵魂有趣又富有心灵弹性的人？若与命运逆境狭路相逢，他们是否能驱动内在力量积极面对不完美不确定的人生？在我看来，这是一道重要且紧急的教育议题。

如何养育一颗有力量有智慧的心呢？

都说“鸡娃”要趁早，而我认为要趁早的是通过小手指、肢体、皮肤，乃至整个身体来打开儿童五感感官的方式，来滋养浸润启蒙孩子的早期人生。运动、音乐、艺术，缺一不可。

著名科学家钱学森曾经说过：“正是这些艺术里所包含的诗情画意和对人生的深刻理解，使我丰富了对世界的认识，学会了艺术的广阔思维方法，我才能够避免死心眼，避免机械唯物论，想问题能够更宽一些，活一些。”

科学改变世界。试想，如果我们的孩子有一天要和机器人一起工作生活，他们如何跑赢？我想答案只有一个，我们孩子的心比机器人的更有感受情感的力量。在这一章，我将会从“双减”后的体育热潮和艺术兴趣养成等几个方面来给家长提供具有借鉴意义的方法，让审美赋能早一点渗透到孩子的血液里，长成支持他们一路长跑的骨骼和血肉。

01

## 力，是身体里迸发的生命力，是大脑的创造力，是精神坚毅的动力

2022 年一开年，对家长群体冲击最大的人物是谷爱凌。18 岁天才女孩，第一次参加冬奥会滑雪比赛就获得二金一银，手握美国斯坦福大学 offer，兴趣广泛还样样精通，赛后答记者问也是幽默耿直，头脑灵活表达能力极强。当然还有一项，是她飙升的商业价值和影响力，二十几个广告代言收入囊中，成功地击破了考好大学是为了找好工作，才能赚更多钱的理论。

为什么这样一个完美到不能复制的女孩，会对世界各地的家长群体形成了一波冲击力？难道家长们不清楚，世界上根本没有完美这回事吗？

当然不是。真正实践过养育的家长都理智着呢，很清楚自己的孩子不可能成为下一个谷爱凌，甚至很清楚自己的孩子并不需要成为优秀的别人。

但是，谷爱凌是一个综合案例，可以给我们带来思考和启发。

## 回归运动认知的初心

今天的家长，寄希望孩子成为体育冠军的已经寥寥无几了。尤其当物质基础不再是家庭掣肘时，很难再出现一大批敢下狠心、肯花苦功培养体育人才的家长。

我采访过很多运动教练，了解到当运动员还是孩子的时候，不管是打球还是游泳，选择一项运动练下去，基本就意味着找到了铁饭碗。从在训练馆免费吃一顿饭，到一日三餐，最后还能包吃包住，直至赚钱拿工资，都能不同程度地帮家里解轻生活负担。

这是时代的特点，也是一代人的养成方式。运动既是特长，又是生计。

如今，很多家长不再执着于艰难的冠军梦，让孩子专门花时间投入精力去训练的动力也大幅度地下降了。近年来，很多地区孩子的时间表都以学习为主，不但预习，甚至还超前学习，低龄儿童的黄金启蒙期也都在背诵、做题……这很大程度上，养成了一代家长的认知——学习是第一位的，院子里跑跑跳跳就等同于运动了，再花大把时间运动取代学业不值当。

这个观念根深蒂固，以至于大量孩子出现了视力下降、身体肥胖的现象；除了身体，孩子心理层面的勇气、斗志、毅力也不尽如人意；当学业挫折、社交压力随着年龄增长开始大量涌现时，很多孩子内在生命的脆弱也暴露出来了。

当养育困局遇到了谷爱凌，这对家长的冲击是极大的。大家会疑问，为什么一个孩子可以运动、学术、兴趣样样精通？是基因，是天赋，是金钱，还是家有好父母？

这个问题背后的原因却鲜有人去思考，滑雪运动作为一个载体如何在一个孩子 8 岁到 18 岁这重要的十年成长中实现价值最大化的？具体来说，她们母女间如何实现互为校正、互为促进、互为依存又独立的关系的？

你一定意识到我特意选用了“互为”这个词，理由很简单，家庭教育对孩子的影响更加细腻绵长，孩子在滑雪或是其他任何一项运动中遇到的每个难题，其实也是同时给家长的。不论是技术层面还是心理层面，智慧的家长都知道，接下来便是和孩子共同面对，共同突破，共同经历翻山越岭。

一项运动，除了让人体验它带来的痛与快乐之外，更是让人成为自己，真正独立。

谷爱凌在冬奥比赛最关键的第三跳中放弃求稳，而是选择加大难度跳了自己从未跳过的 1620，对自我发起挑战最终获得首金。赛后接受采访，她告诉大家，关键的第三跳并没有听取妈妈的建议稳妥保一枚银牌，而是听从自己的声音，搏一把尽情享受极限运动的冒险和快感。她不仅赢了，而且真正地成为了自己。

一个孩子七八岁开始选择运动，因热爱而坚持；从害怕到享受，通过努力克服困难获得成就感；直到真正独立，完全信任自己……这些才是一项运动赋予人的，也是家长需要看见的。

2019 年，我和团队同事前往日本知名的 Buddy Sports 幼儿园采访。这是一个开设二十几种运动课程，小朋友毕业时不需要传统音乐舞蹈展演，而是要通过三点支撑倒立、单杠翻转、6 级跳箱体育技能的特殊幼儿园。严肃又严格的理事长铃木威先生对于外人眼里的“吃苦”的解释，却生动有趣又引人重视。

三点倒立是让孩子们看人看事物学会反向思维。比如，面对面看理事长总是太严肃让人害怕，但倒立时看他却很可爱嘛。

单杠翻转是让孩子们双脚离开地面时也不会心慌害怕，衔接小学时能情绪稳定不畏难。

而 6 级跳箱是让孩子们不断练习胆量和气度，建立只有努力才能实现目标的信念，成功的体验是未来生存的动力。

这个独特的幼儿园不仅在日本招生火爆，在中国社交媒体上也被广泛传播，不仅给家长群体开启了另一个视角，而且还引发了大家对“体育运动真正带来的是什么”的思考。

不得不说，一小部分家长对孩子的养育方式正在改变——

遵循儿童活泼好动的天性，从婴幼儿时期的感觉统合训练，到基础运动起始的科学运动启蒙，日积月累地训练来提高心肺功能，增强耐力、协调能力，训练核心能力，鼓励孩子 you can do it，直至塑造内核强大的人，真正达到强身健体的目的。

可喜的是，近年来运动的价值和深远意义越来越引人关注。从每年优秀学生榜单的背后可以发现，成绩优异的孩子，运动能力也非常出色，不仅大多都有一两项运动成绩名列前茅，还有不少是校队的主力，兼具领导力。

回归运动认知的初心，便是我们这一代家长最大的认知改变。

## 运动和大脑的强关系

在第一章，我讲过儿童大脑的发展。大脑的训练不仅仅是思维训练，让孩子在启蒙期多玩一些益智游戏，或提早进入奥数、编程等学习之中，事实上，运动和大脑的关系更值得家长关注。日常运动在锻炼身体的同时，也在锻炼大脑，符合自然养育的本位精神。

你可能会问，运动和大脑是什么关系呢？

在捋清运动和大脑的关系之前，我们先要记住几个关键词——血清素、去甲肾上腺素、多巴胺等，这些都是传递思维和情感的重要神经递质。

血清素可以控制坏情绪、冲动、愤怒，以及攻击行为。

去甲肾上腺素会影响注意力、认知力、运动，以及觉醒状态的信号。

多巴胺则被视为影响学习能力、奖励系统、注意力和运动的神经递质。

将这些词拆解后，我们便能直观地看到，运动关系到孩子未来的学习能力、控制情绪的能力、对自我的认知等，与人的大脑发育息息相关。大脑和肌肉一样，用进废退，大脑内的每个神经元通过树状分支上的“叶片”相互接触，而运动则可以保证这些分支生长并发出许多侧支，能从根本上增强大脑的功能。

美国加州大学欧文分校研究脑部衰老与老年痴呆研究所的主任卡尔·科特曼通过多年研究提出：“你如果身体健康，就能更有效率地学习和工作。”这句话我自己深有体会。2021 年，我全年保持专职写作，每天在写作和运动两件事中交替，每当我陷入思考的困境，运动就像一种补给，让我能处于一种专注的留白区，保持大脑松弛又敏锐的状态。所以对于写作的累，我从不觉得苦。

还有一个案例来自我母亲，她在疫情这两年经历了一次手术。这次手术给六十多岁的母亲带来了老年焦虑，她的情绪不断地起伏，经过一年的调整后状态日益好转。最重要的原因是完全不愿意运动的她选择了快走，风雨无阻地坚持。很快，我们全家都感受到了她周身焕然一新的气息，一改老年人离不开医院、离不开药物的精神束缚，变得心态平和，幽默有趣，要求自己时刻保持着美丽优雅。很巧的是，我在《运动改造大脑》这本书中找到了科学的解释。书中特别提到，长跑1600米与服用极小剂量的百忧解和极小剂量的哌甲酯一样，提高了神经递质的水平。换言之，运动使大脑中的神经递质和其他化学物质之间达到平衡。所以，保持大脑的平衡可以改变生活的品质。

那孩子呢？我的女儿爱好比较广泛，常年游泳和滑雪，也跳芭蕾舞和弹钢琴。从指尖到四肢，不论是运动还是艺术，我感受到的是孩子互为促进的一系列变化：钢琴老师反馈孩子弹琴时手指的发力感增强了；芭蕾的跳跃更稳健有节奏了；滑雪还取得了校内赛低年级第一名；游泳教练也经常给她点赞，眼看着她从小鸭子进阶到了小海豚。

在这里，我不再赘述医学范畴的探讨以兹证明，毕竟运动的价值已经跃然眼前，融入我们的身体了。

## 还给孩子失败感，练就内在坚毅

我们的孩子虽然经历了疫情，但仍然可以说是幸运的一代。

他们的物质世界丰富多彩，他们的原生家庭和安全感问题也备受重视，他们从小被夸奖，一直感受着爱，他们是多维度被满足和保护的一代……但在美好之外，我们也需要意识到，他们失去了多少机会去经历失败感。摆在孩子面前的，除了如何赢，还有如何坦然地面对输。

谷爱凌触动家长的另一面是，一颗超级心脏是如何练成的。

其实，不只是谷爱凌，也不只是极限运动领域，每一位运动员，包括残疾人运动员，都无时无刻不在磨炼着身体和精神意志，每一项运动都在增加人的心脏容量。

北京冬残奥会期间，我写了一篇《这一届孩子更应该多关注冬残奥会》的文章，起因是女儿和我的一段讨论。她说："妈妈，冬奥会比奥运会难，每个项目都需要在特殊的场地和环境下完成；但是冬残奥会比冬奥会更难。我想知道，参加残奥会的运动员是怎么做到的？"一方面，我惊喜于孩子的深度洞察；另一方面，也因孩子的问题开始思考：面对挫折，甚至是重创，面对更多的输，人该怎么办？

世界各地科学家在器械技术层面取得了突破，但残疾人的心理重建仍是难点。北京冬残奥会中国体育代表团高山滑雪项目的主教练是意大利人卡佩里·达利奥，他在帮助残疾运动员训练时，并不是将重点放在健康的肢体上，而是放在重新激活伤残部分上，让身体重新找回平衡。虽然就几句话，但对于运动员个体来说，就是疼痛、折磨、逃避，数不清的汗水和泪水，以及走出阴影的小希望。所以，身为家长的我，更建议大家带着孩子走进冬残奥会，开启观赛外的生存视角——无论遭遇什么样的人生重创，人人都应该葆有希望，即使处于人生绝境之处也要相信自己，绽放希望之花。

我们很幸运，孩子健康活泼可爱。不过回归到生活本身，人生际境虽不尽相同，但是遇到的难题一个都不会少，孩子迟早会离开父母的庇护走进社会。那么运动刚好可以解决这个难题。

在日本 Buddy Sports 幼儿园采访时，我和铃木威理事长讨论过这个问题。他说几十年来，他将通过身体运动来进行教育视为体育教育的精髓，让孩子养成正向的生活态度，塑造完整的人格，敢于去赢，也能勇敢地面对输。比如小朋友毕业时要完成 6 级跳箱，因此在几年幼儿园生活中，他们会经历数不清的失败，才能获得毕业时的成功通过。

在前文中，我曾专门写过苏炳添。在我看来，苏炳添不仅真正拉开了科学运动的序幕，而且在赛场外还继续抒写运动精神。他从运动理论研究，到运动实践，再到运动教学，让普通人认识到运动能力是综合的，由体能、技能、战术、心理、知识等能力组合而成，它们之间互为依存，交织促进，缺一不可。运动除了训练四肢，还有更多的想象空间和可能性。

如果说科学地强身健体是运动认知的首要目标，那么通过运动改变身体塑造，形成健康有生命活力的外在特征也是很有必要的。

教育家美学家朱光潜的人生态度恰如其分。他认为，一个人对同一个事物有实用的、科学的与美感的三种不同态度。回到家长身份再看体育运动的发展，我们大多会从实用切入，同样可以一并进入到科学和美感的多维度中。比如，像德国田径运动员阿丽卡·施密特，自由式滑雪运动员谷爱凌，带给体育迷的是更胜过维密性感超模的阳光健美；也可以像花样滑冰、艺术体操、花样游泳等一样，将运动提升到视觉盛宴的水准，给人运动与美的冲击。

中国北京是双奥之城，经历了奥运会和冬奥会，中国的孩子对运动精神影响力的理解更具体了——跌倒了不怕受伤，还能再站起来；不畏惧和强者站在一起；对自己始终保持信任，懂得给自己一些时间，即使慢一点到达终点也没关系。

## 02 美，始于五官感受，源于艺术探索，由心灵驱动

看到这里，你应该有所了解，我崇尚经由力与美构建的完整人格，这也是我对审美赋能这项基础通识本身的认知。

北京大学出版社出版的“名家通识讲座”书系中，曾繁仁先生的《美育十五讲》详尽地梳理了古今中外，教育、哲学、心理、社会等不同维度下美育的发展历程和深远价值。如果你恰巧也感兴趣，非常推荐读一读这本书；如果没时间，这里我摘选了对于赋能孩子美育这件事有直接价值的三个观点。

观点一，人类历史上第一个提出“美育”概念并加以全面深刻阐释的理论家席勒认为：“要使感性的人成为理性的人，除了首先使他成为审美的人，没有其他途径。”

观点二，教育家卢梭认为，在人的身上“首先成熟的官能是感官”，然而，“唯独为人们所遗忘的，而且最易于为人们所忽略的，也是感官”。生活最有意义的人“是对生活最有感受的人”。

观点三，中国现代美育的开创和奠基者蔡元培先生，不仅从宏观上确立了家庭、学校、社会，以及终身美育的框架，还

从微观的细节方面不断推动美育发展，形成我们今天触手可及的美术馆、博物馆、剧院、展览等艺术化生活，推动普通人生活品质的提高。

在担任主编的这些年，除了助力母婴行业多年来推崇的母乳喂养之外，我还极力倡导孩子在婴幼儿期便开始接触大自然，接触自然艺术。在孩子感官、动作、语言、社会交往等发展敏感时期，要尽量在真实的环境中对其进行激发，帮孩子打开五感积蓄自然的能量，充电蓄力，成为长跑者。

你一定会问我，长跑当然是每位家长衷心希望的，但，你能告诉我，今天，此时此刻，对孩子的学习有什么作用呢？

接下来，我从三个层次说一说。

**第一层，用好五官感受，启动审美感知。**

看过前文的你一定知道，我实践的就是自然养育方式，重视打开五感，其目的是帮孩子创建生动的人生底色。所以，在女儿低龄阶段，尤其在 1 岁语言敏感期，我就让女儿处在大量的自然环境中，触发其好奇心，大海、湖泊、山川、动物、植物、食物、雨雪等，都是孩子探索玩耍的土壤。我和孩子会玩“摸一摸，闻一闻，尝一尝，抱一抱，试一试”等小游戏。那段时间她的词汇量大增，而且多是来自大自然。这么做并非我有当妈妈的经验，也不是心存多大的“鸡娃”功利心，只是想多创造一些条件顺应孩子的天性，只是想经由孩子的四肢身体、五感感官，开启她的心智。

好了，回应前面的疑问：这对孩子今天的学习有什么作用呢？

那我告诉你，对于每一个八九岁的孩子来说，这些可以帮助他们渡过即将面临的第一个小难关写作文，非常有实用性，解决真实痛点问题。

在自然中感受过的孩子，感受得到自然美。

在自然中观察过的孩子，看得到自然神奇。

在自然中闻过尝过的孩子，能品味出春夏秋冬的滋味。

这些感官储备，足够孩子轻松找到进入“表达”的大门。

我所指的表达，事实上不仅特指写小作文，还有绘画、唱歌、演讲、做手工、跳舞、编程等。不管是知识、心情，还是思考、疑问，孩子最终都要学会顺畅地表达自我，用自己喜欢或擅长的方式与世界联结。

养育孩子难免会遇到难题，所以我一直很关注激发五感的实用价值。随着孩子年龄的增大，我开始了解教小学生写作文的一些课程。说实话，市面上大多是教孩子如何搭文字积木。凡是重技术模仿轻感受激发的，都很容易引起我的质疑：短期内的成果会不会限制孩子们的畅快表达，进而影响一个人成为真正的长跑者？

台湾文学大师王鼎钧老先生在《作文六要》里，将写作文这件难事拆成了“观察、想象、体验、选择、组合、表现”，统称“六要”，犹如画家的“六法”、佛家的“六度”。从字面上不难看出，人能够“感于物”的器官不只是眼睛，除视觉外，还有听觉、嗅觉、味觉、触觉等，应该都包含在内。

此刻你一定更能深刻理解，有别于任何写作技法，文学大师回归的是基本功夫这个原点。只有外界的事物，触动了我们的感官，才能使我们产生思想感情。让孩子成为长跑者，浸润在自然之中，激发周身的感受力，将心中的感受畅快地表达出来，从而形成自己的审美感知能力。

**第二层，艺术始于探索，积淀审美体验。**

不少孩子都有过被送往艺术机构启蒙的经历，可见家长是认可艺术探索的，但能长时间坚持下去的并不多。原因不外乎几种：孩子不喜欢不想去了；艺术机构或老师并没有达到家长的教育理想；家长自身纠结，学了半天孩子好像啥也画不出来……

所以，应该怎么理解艺术探索才好呢？

我始终认为，孩子脱离母体走向社会，会通过所有可使用的载体来触摸新世界。你想想，是不是刚能爬能走的小宝宝，拿着手机便会无师自通地点点点，快速找到他感兴趣的界面？这个动作让父母很震惊，难道我的孩子是天才吗？事实上呢，孩子只是通过可接触的每一个载体，来接触真实的世界。

那么，提供给孩子什么载体更好呢？

这个载体是妈妈，是爸爸，是孩子自己，也可以是自然和艺术。通过孩子们天生感兴趣的色彩、图形、植物、动物等，满足孩子反复玩混合颜色游戏、玩图形拼叠游戏的需求，这些从不会让孩子感觉枯燥的艺术探索便是成本最低的发展想象力的好途径。

从婴幼儿期开始浸润大自然，孩子们开启的是审美感知；浸润艺术，则是一点点积累审美体验。通过艺术形式来探索，不是以孩子考多少级为终点，也不是以孩子最终画成什么样为终点，要知道这只是孩子提高审美能力漫长路途中不断反复的小练习而已。正如法国哲学家狄德罗曾说的，“反复实践”就是长期的审美锻炼，这也是唯一能提高审美感受力的方法。作为家长，还是那句话，顺应孩子的天性自然发展就对了。

艺术探索，反复实践，核心突破的是孩子的想象力。

就我的职业来说，编辑属于创作型职业。这些年审读过的大大小小的文章中，有来自不同文化背景作者的投稿，也包含我自己的写作练习。事实上，我很快就意识到，想象力真的是个硬门槛，决定了一篇文章的宽度和深度。好比，有些人看山就是山，有些人看山从来不是山。

很多人都喜欢齐白石老先生画的《虾》。说实话，我小时候看，就是觉得好玩，完全不懂就几只虾，画家为什么会反复画来画去，而且还这么出名；再后来，最多能看到每一只虾形态各异，画家技法细腻，仍不知道画虾有啥意义；再长大一点看，感觉有几只虾奔放了些，有几只虾乖巧了些，心情不同时，竟然能看到这些虾真是个个自由，让人有些羡慕了。

后来，当我看到瓦西里·康定斯基的一些思想，才懂得了我总是急于在画里寻找"意义"，浮躁的眼睛根本察觉不到掩藏于外在表达之下的内在意义；而艺术要始于感受，要以人的心灵共鸣为目的，这才是内驱法则。

这样的心境变化，在曾繁仁的笔下总结得更为准确。他说，这就是中国古典美学中的"象外之象，景外之景"的境界，也是审美的最高境界。而我，也终于明白了画家反复画的意义。

审美能力不是天生的，是后天的。要不然怎么会有人说：一个人走过的路，读过的书，爱过的人，组成了今天的你！虽然不是每个人都能达到最高境界，但通过艺术探索发展想象力是极为必要的。

审美能力的积淀，是一个长跑者的隐藏实力。

**第三层，心灵驱动，雕塑心灵。**

经历疫情的这代孩子，显然也是独特的一代，就连新生儿也难逃口罩生活。疫情还催生了网络和社交媒体的飞速发展，当各大社交网络以数亿流量为变现卖点，我们随时随地都能看到低头刷各类视频的男女老少。当一代人习惯了把自己的表情包裹在口罩后面，习惯了身边充斥着各种视频背景音时，很难说他们长大后会不会逐渐把整颗心都隐藏在口罩和网络后面。

从另一个维度来看，不同收入家庭所养育的孩子，其内在呈现也非常不同。高收入家庭把各种规划排满孩子的时间表，孩子往往失去自我探索的留白空间；低收入家庭的孩子长期生活在高压下，也会失去反弹的韧性。

我身边一位事业型高管妈妈曾对我说，面试过那么多名牌大学生，管理的团队人数越来越多后，她对自己孩子的期待反而越来越少，只求心理健康。

家长们深感教育真难，渐渐变成养育一个心理健康人格健全的孩子真难！

这也是我为什么会在不同的章节内容中，或多或少地穿插一些关于孩子内在精神、心理韧性、自我驱动等内容的初衷。这些虽然不会体现在孩子的小卷子和成绩单上，但比成绩重要太多了。

近期，我们还经历着“双减”。有人说，“双减”变成了“双加”；也有人说，“双减”变成了就地躺平。总而言之，“双减”引发争议，带来阵痛，给家长造成了困扰和不安。但我们也不难发现，焦虑的只是成人，孩子还是从前的孩子，感兴趣的、想做的、愿意投入的，从来不曾改变。他们一如既往，对未知充满好奇，还是会整个下午沉浸在黏土、画画、搭乐高、读绘本、玩沙玩水中，完全听不到外面的喧闹。

“双减”在我看来，是给家长一个机会重新读懂自己的孩子。与其焦虑、内卷、内耗，不如静下心来看看孩子，了解他的热爱，支持他，帮助他，成就他。

教育家朱永新在多次的“双减”问答中反复讲过，父母对孩子的期待要合理，给孩子一些留白的时间，让孩子的心有思考的时间和空间。

北京三月迎来一场春雪。放学后，我和孩子没有去任何课外班，而是坐在餐厅一角看漫天飞舞的雪，女儿说：“如果你是一片雪花，你的生命很短暂。”一瞬间，我被她的诗句打动了。不过，我知道诗句意境的背后，其实是孩子从一篇解读雪花的物理文章中学到的。她告诉我，研究雪花的专家肯尼思·利伯瑞彻特博士说，大约有 10 万个水滴的水汽才能形成一片雪花，一片雪花从形成到落地需要 15~45 分钟。

有意思的是，看着窗外雪花从四面八方飘过来，落地即化，这一幕让她联想到了雪花的生命时间。

孩子脱口而出充满情感力量的诗句，背后往往是知识和思考的支撑，也往往正在形成和提升的他们人格。

西方“二战”后最重要的艺术教育家罗恩菲德在《创造与心智的成长》一书中说：“良好的美感成长是思想、感情以及理解力表现的根基。透过文字、空间、声调、线条、形状、色彩、动作，美感经验将以艺术的形式表现出来。美感组织可能在生活中、游戏中、艺术中或任何时候，以意识或潜意识的状态逐渐成长。因此，我们的人格便受到了美感成长的影响。”

教育家将美感教育的高度具体到了“人格提升”的功能与过程当中。所以，在我们成为家长的那一刻，请将审美赋能同步注入养育孩子的细则中，因为这是以生命成长为目标，对孩子的身体到头脑直到心灵的雕塑。

## 03

## 审美的成效是在时间中缓慢生成的

十年树木百年树人，静待花开，教育就是一个慢功夫。

虽然是慢功夫，但也需要与孩子年龄阶段的认知能力匹配。我在薛猛的《审美教育个性化论稿：基于语文学科》一书中，找到了20世纪美国著名学者比斯莱关于审美教育的学年分期及特征表述，希望给家长们提供更客观的参考。

第一阶段　幼儿园至三年级　对世界的审美性质做非正式的探索，熟悉艺术品和艺术世界。

第二阶段　四至六年级　发展出一种对艺术品的知觉技能，继续深放到艺术世界之中。

第三阶段　七至九年级　发展出一种历史意识，具有一种在西方文化和文明的背景中思考的能力（但要在与非西方文明对比的情况下进行）。

第四阶段　十至十二年级　发展出一种对选择出来的艺术杰作的批判性欣赏能力，具备了审美判断的标准，能对某些美学问题进行讨论。

有了上述阶段的参照，我们可以有脉络地看到审美通识在一个人生命中的贯穿，从而成为人与人生而不同的特色。“世上最令人神往之事，莫过于对美的追求。世俗的心灵，也抗拒不了美的心灵和召唤。”马丁·海德格尔说。

有了这样的基础教育认知，你可能不再会轻易迷失于任何焦虑旋涡，也不会轻易因别人家的某个成功经验而改变了自己的初心和跑道；更不会为课后该做什么不做什么而举棋不定，也不会因孩子近期成绩起伏而不知所措了。

因为你知道——“朝着月亮出发，即使无法抵达，你也置身一片繁星之中了”。

Chapter

8

# 财商赋能

## 从『创造金钱』到『驾驭金钱』

你想过怎样的一生？

本书最后一章，我想和大家首先讨论这个话题。

我记得有一年公司年会上播放了一个开场小视频，视频的主题是“你的新年梦想是什么”。当多个年轻同事齐声说出“一夜暴富”时，全场爆笑，把气氛推向高潮。当时，我的女儿也在现场，孩子问我：“妈妈，什么是一夜暴富？”这个画面令我印象深刻。

疫情这两年，在你我身上发生的最大变化就是有事没事刷视频。刷视频看新闻，刷视频学做菜，刷视频来“搞钱”……是的，年轻一代的口头语变成了“搞钱”。当这两个字充斥在生活的角角落落时，听起来有多露骨，就有多现实。

如果说“一夜暴富”有些许戏谑成分，那么“搞钱”便体现了社会性的一面，其背后难掩的是当下年轻一代的焦虑。年轻同事以自嘲的方式来掩盖对自我和未来既茫然又不确定的恐惧感，尤其是遇到一些生活难题、年龄危机的时候，就像卡在死胡同里无法进退，梳理不清自我和成功的关系、自我和社会的关系，甚至很难分清一味搞钱是心灵解药还是毒药。

财商教育近几年来一直有被提及，但落实到坊间，是在教人如何赚钱，还是教孩子从小就要学会赚钱？财商教育到底影响一个人的什么能力呢？

直言不讳地讲，当下这几代人恰恰都缺失了建立人和金钱关系的教育，因其缺失，才显示出财商教育的重要性，也显示出对父辈年代特殊经历理解的缺失。就像热播剧《人世间》之所以引发共鸣，是因为大部分中国家庭都与此同呼吸共命运过。剧中关于生活的变迁，包含着工作、房子、情感、金钱等，生硬的摩擦和纠葛必然发生，每一个困难父辈们一肩挑，没有时机喘息，甚至没有意识和心境来和孩子们正面谈谈困难，谈谈金钱。

关掉热播剧，眼前的状况却完全不同了——

4 岁小网红沐沐为了阻止妈妈生二胎，说：“爸爸很穷，都没钱给我买玩具，怎么能养活妹妹呢？”逻辑出奇地严谨，让网友连连佩服。

好友 7 岁的儿子上完网课，便问妈妈：“咱们家里没钱吗，为什么不换大房子？”高知妈妈一时语塞。

初二的外甥周末见到我第一句话便是："小姨，你最近关注俄乌战争了吗？最近基金跌得很厉害啊！"13岁的孩子对世界金融局势很有敏感性。

8岁女儿的班级小组日记本里，出现了"疫情""战争""风险"等字眼……

生活优越的孩子们，有的开始做家务赚零花钱，有的在父母指导下用压岁钱来学习投资，有的努力考满分来获得父母颁发的万元大奖……但他们未来的生活环境真的无忧吗？还有的，甚至在关注战争。如果没有经历2022年，别说孩子们了，就连我们恐怕也无法这样感受战争的直接影响。战争、制裁、坠机、风险……这些词夹带着疫情，一并充斥到孩子的生活里。

他们如何才能在科技飞速发展但竞争愈发残酷的环境中，学会生存，学会独立生活，学会生活得踏实且有幸福感呢？

在这里，我无意忧国忧民，只是希望给家长提出必要的提醒，引发家长的重视和思考：在这样的经济格局变化中，家长不可缺席，找到能帮助孩子建立与金钱关系的重点，助力孩子通往独立自主，从"创造金钱"到"驾驭金钱"。

在本章中，我将拆解四个核心问题，梳理家庭财商赋能的可行性方案。

1. 财商赋能是教孩子从小就学会投资赚钱吗？

2. 哪些金融词语是关乎教育长期发展的？

3. 在家庭环境中具体要怎么做？

4. 懂得收支平衡就足够了吗？优质的财商教育是什么？

01

## 孩子入学第一天，我给她的除了鼓励还有金钱

很多家长问我，女儿成为小学生，你提前给她准备了什么？大家猜是幼小衔接，是护脊书包和洞洞铅笔，还有妈妈牌鼓励……这些都是刚需。除此之外，我还精心准备了一个小钱包和 50 元钱！

大家很不理解，甚至有人提醒我说：“提前给孩子金钱和提前配手机一样，没有好处。”理由是孩子还没有学会控制自己。

那我为什么要这样做呢？因为我想用金钱作为载体，帮助孩子进入社交环境，慢慢搭建起心灵格局的框架。

这个灵感来自一家著名投资公司的职业投资人，一位有 4 个孩子的新加坡妈妈的经验。她说，影响她成为职业投资人的因素是她父亲对待金钱的方式。

她给我讲了她父亲的故事，一个很有启发性的故事。她的父亲是新加坡商人，当她还是小孩子的时候，就能每天听到父亲在谈钱和赚钱。父亲并不是一门心思想享受奢华生活，而是会花很多心思来布局金钱，他会将钱分成四份，分别用于捐赠、

慈善、储蓄和消费。比如100元钱，20%用于捐赠和做慈善，20%用于储蓄，剩下的60%用于消费。

很快她就明白了父亲的用意：

第一，将帮助弱势群体放在心上；

第二，要有存钱的概念，目的是实现小目标；

第三，消费要有规则，首先满足温饱问题，如有剩余才会考虑买其他喜欢的东西。

总之，每一分钱、每一元钱，都有不同的功能，从满足自己，到帮助别人，最大程度地发挥金钱本身的价值。

金钱最大的价值是利己还是利他？基于这个问题，我在女儿开学时准备了一个好看的小钱包，交到她的手上；同时，我还和她一起做了几个功能罐，便于她对金钱的管理。

孩子真的能如我所愿做到管理金钱吗？其实并不能。

关于花钱的初体验，这一点我国和新加坡等国家略有不同。新加坡因为气温高，孩子们需要自行安排午餐，面对丰富的世界美食，孩子是满足于吃饱还是再多加一个冰激凌，机会在自己手中。但在中国，尤其是低年龄段，午餐加餐都由学校负责，上下学也是家长或校车接送，日常学习用品都由家长购买，孩子实战花钱的机会并不多。

但是，现在他们开始面临小朋友之间的社交活动。比如：互相交换铅笔橡皮小本子；为同学生日准备礼物；羡慕别人的自动铅笔高级、零食好吃，也想拥有……所以，家长心里应该明白，此时此刻学习怎么花钱并不是重点，识别金钱的功能和价值更重要。

家长需要提前做准备，不论是读绘本，还是言传身教，都要让孩子明确地意识到：

第一，金钱和生活息息相关，需要合理分配；

第二，孩子以社交的方式连接人和事，当欲望不断增加时，要学着认识“想要”和“必要”；

第三，父母工作赚来的钱，不是只用于孩子个人身上，“四脚吞金兽”只是家庭的一部分；

第四，理解每一分钱可能带来的不同结果，理解强大和弱小的关系。

到这里，你大概清楚了，为什么要从小就开始慢慢地给孩子搭建起心灵格局框架的目的了。孩子的心灵同样需要目标，是让他们深信“父母赚来的钱就是用来满足四脚吞金兽的各种要求”呢，还是让他们理解“想帮助别人要先做一名强者”更好呢？

02

## 五个助力教育长期发展的关键词

我们这一代人没有经历过财商教育，更多的是家长的言传身教。

在我的童年记忆里，我们家有一个抽屉专门存放家庭生活费，父母谁需要就取来用。至于姐姐和我，因为和自己关系不大，自然也就没动过。这种透明的用钱方式，对我的影响很明显，我不认为钱是最重要的。

好处是不会唯利是图，我肯定不会为了赚钱去做自己不想做的事。

坏处是我和钱的关系一直很疏离，对钱缺乏理性的认知，甚至很长时间忽略了从经济哲学的视角来思考问题。

好在很快我就意识到了自己的局限性。正如英国小说家亨利·菲尔丁所说：“如果你把金钱当成上帝，它便会像魔鬼一样折磨你。”没有经历过被魔鬼折磨的人，反倒能跳出金钱来看金钱。我会更关注如何将财商教育融入教育本身之中，尤其是如何在低年龄段的启蒙期为成长期的发展做储备。

通过调研得知，大多数家长并不知道“如何和孩子谈钱”——因为既不希望孩子唯利是图，又害怕孩子躺平啃老，什么时候谈、怎么谈，都成了父母卧谈夜话的重点。

在这个问题上，大家的关注点基本一致，但从哪里入手好呢？我的建议是把几个关键的金融词语拆到日常生活里去渗透去理解，要知道，它们就存在于我们社会和民生生活的柴米油盐中。

我总结的五个关键词是：信用、风险、稀缺、现金流、财务报表。

### 1. 信用

这是我和女儿沟通财商的第一个词。在思考赋能章节中，我讲过一个案例，女儿 4 岁时，我带她去长白山，因为误机改签后多了一天时间游览航站楼，所以我们就逛遍了航站楼大大小小的店铺。围绕付款，女儿提出了很多疑问，她觉得“信用卡”最神奇。

“信用”这个词，我一直认为意义非常丰富，涉及道德品质、法律、经济等多个角度。家长也会高频使用这个词：“宝贝，你要讲信用哦！”当然，不仅是家长对孩子常说，而且孩子也同样要求家长如此。我们都很清楚，“信用”需要长期积累，但倒塌时往往只在一瞬间。

我基本每周都会和孩子聊聊新闻，围绕STEAM（Science科学、Technology技术、Engineering工程、Arts艺术、Mathematics数学）展开。同时，我也会谈一些反面的案例，比如前段时间国内几个艺人偷税漏税的新闻。虽然孩子对动辄上亿元的税款没有概念，但是信用崩塌一瞬间的后果孩子很容易理解。

近期，我看到女儿在一篇小日记里提到了“信任”两个字。她写到，侯老师带同学去做核酸，看管班级的工作就交给了自己，同学们有的问这个，有的问那个，自己忙得不亦乐乎，整整45分钟成就感满满。收尾处她写到：“如果你能得到老师的信任，你也可以看班。”在信任面前人与人是公平的，不论是成人还是孩子，我们都需要通过一次又一次的大事小情，建立个人信用等级，给别人信任的安全感。

反之，信任是没有办法强迫建立的。我个人主张激发孩子的自主性，一般情况下，我很少推荐用管理手段对人进行束缚。这并不是对人性认识不深刻，而是我认为，对于人之初的孩子，何必先预设他们做不到呢？家长完全可以助力孩子加强对信用的理解，不仅仅是对家长师长的守信，更是对自我的守信，包括对作业、学业、兴趣爱好等的责任。

在不断建立信用的过程中，孩子一定能够成长为一个值得被信赖、被认可，并不断被委以重任的人。就像信用卡额度会不断增加，在你需要使用的时候，它会立即启动帮助你。你的信用越高，得到的机会就越大，得到的帮助也会越多。

### 2. 风险

相较于信用，风险教育就显得不足。很多家长下意识地认为，风险理应由成人来承担，保护孩子是成人的责任。

道理没错，但风险是残酷的，并不会给任何人留有多余的时间。北京残奥会期间，我在查询资料时发现，很多伤残事故发生在儿童低龄阶段，比如放炮炸伤、摸电门、意外车祸等。一些孩子由于缺乏最基本的风险意识，造成了终身残疾。

对于儿童来说，人身风险的教育最容易切入。在女儿开始发展大运动的时候，我便引入安全运动、科学运动等信息，和孩子讲清楚，为什么要保护好身体，如何保护好身体，引导她切实行动起来。

懂得规避人身风险，进而逐步推动孩子了解责任风险、金融风险等不同层级的风险。有了这样的风险意识储备后再去理解管理风险，孩子的接受度自然会提高，不至于造成“无知者无畏”的局面。

你也许会问，财商教育难道不应该是提倡“把鸡蛋装到不同篮子里来化解风险吗”？今天的成人思维是否真的能够解决孩子未来面临的问题，我不做判断。但可以确定的是，如果孩子搭建了清晰的风险边界，起码会降低风险概率。

比如2022年年初基金下跌，很多人抱怨，当初就是“听别人说××很好才投资的，而且也遵循了把不同的钱放在不同的篮子里了啊”。从行为上来看，我们会发现，有些人宁愿相信别人，也不愿相信自己。这当然可以理解，因为自己没有金融知识储备，没有明确的风险边界啊。但就算自己不懂金融，对“别人”和“信息”也要学会甄别。比如选一位有一定经验和责任心的投资经理，他会先和你梳理金融历史，不论是同比环比的数据，还是历史规律，辅助你衡量判断的权重，进而降低风险。

想找到问题症结，我建议更有效果的做法是，让孩子多接触历史事件，多讨论当下的新闻事件，在一些具体的实例中形成理解和判断。“风险”一词包含的内容丰富而复杂，涉及面广，为此我请教了风险管理专家杨冲女士，她说:“风险管理不是消灭风险，而是控制和转移，以及前期识别。”对于家长来说，我们所做的正是帮助孩子启蒙和储备这种“前期识别”的判断力。

### 3. 稀缺

在西方经济学中，相对于人们无穷的欲望而言，用来满足人类欲望的资源是有限的，也就是资源稀缺规律。经济学家薛兆丰拆解过“稀缺”背后的原因：一、你想要的东西别人也想要；二、人的需求在不断变化不断升级。

什么是稀缺的呢？孩子最容易理解的便是空气、水……还有前文提到的信任，其实也是稀缺的，它不是随便就能建立起来的。

这一代孩子的生活环境大多已经走向全球化，尤其是北上广深等一线城市，小朋友的朋友圈不乏来自世界各地的人，他们很容易知道自己就是独一无二的，知道自己是稀缺的。

我看过一个有意思的视频，一个刚毕业的男孩将自己14平方米的小房子彻底智能化。开门有人问好，叫醒他的不是闹钟，也不是梦想，而是智能窗帘拉开后的满屋阳光。但他还是觉得被小房子束缚着，连智能家居产商都无法满足他。他苦想该怎么办，直到他亲自设计出一款放在床垫下的超级收纳柜，完美清除了小户型房子的痛点。男孩子公布了他的图纸，网友直呼要抄作业，评价也很真实：人类大脑的智慧还是干翻了人工智能。

都说地球上人太多了，人不是稀缺的，但智慧的大脑一定是稀缺的。我想这样的智慧才是孩子未来面对的人工智能、机器人时代的刚需吧。

### 4. 现金流

疫情这几年，市场经济起伏变幻莫测，不论是资本创投圈，还是大小企业，再漂亮的商业梦想，最后都敌不过被压垮的现金流。现金流进一步冲入大众视野，派生出无数“搞钱”“搞副业”的人来。

对于养家糊口的成年人来说，现金流是家庭安身立命的根本。

对于孩子来说，现金流等同于他们正在储备的兴趣流、运动流、知识流……正是这些源源不断流入的养分，支持着孩子不断往前奔跑。

前面我们分析过谷爱凌案例，她的每一项兴趣爱好都帮她建立了金库，在她的能力爆发时，转变成真正的“现金流”。伴随着北京冬奥会的进行，她的商业价值直冲顶峰，代言品牌跨越了众多品类。冬奥结束后，她仍然以长跑运动员的身份出现在人群中。

《哈佛商业评论》分析说，相较于业余爱好者，专业运动员通常会降低训练强度，为的是提高肌肉对氧气、葡萄糖的利用能力，让肌肉能够更好地发力，从而最大限度地提高运动成绩，并且降低严重受伤的风险。成长型思维的孩子亦是如此。他们将知识源源不断地积攒到库里一样，形成更大的“现金流”。

这里，我不会过多地讲资产、负债、股票等专业词语。如果家长感兴趣，可以根据自己的理解，自主地定制专属的财商教育，这样才不会人云亦云地被牵着鼻子走。

### 5. 财务报表

前文中，我曾建议以新闻事件为切口，多和孩子增加讨论，让孩子扩大视野、增加思辨能力。具体到如何接触财商教育时，比较有前瞻性的方法是借“财务报表”的形式，全家定期来了解家庭财务的情况，邀请孩子一同参与，重点放在“出”与“入”的认知上。

一定有家长认为这些对孩子来说太早了，或者不想让孩子过早触及经济方面的压力。事实上，一枚硬币一定不是只有正与反两个面，还有硬币边缘的一面，只有站在硬币的边缘上才能看到正反两面。同理，如果长期将孩子置于信息屏蔽区，那么当孩子真正遇到问题时，往往会不知所措。

《奇葩说》曾经有一期节目，是一个 18 岁的参赛者讲述家里破产的故事。她知道破产这个消息后，被迫放弃了喜爱的专业，选择了一个有奖学金的学校。在接受国际教育的一些家庭群中，近年来经常会出现低龄孩子遭遇家庭破产的情况。八九岁的孩子不仅要面临转学的变化，还要面对衣食无忧的生活突然消失的心理落差，真的很难理解到底发生了什么。

而“财务报表”这种形式，其实可以将生活现状变成一种数字游戏，满足孩子参与家庭活动的愿望，进而参与发表意见，参与做决策。

财商自主能力的储备优先于教孩子如何投资赚钱，这也是财商赋能的重点。

## 03 现在，我该怎么做？

在做财商的调研时，有一位家长让我印象深刻。这位家长是金融博主，正在教一个 10 岁孩子炒股。通过一段时间的训练，孩子观察到家里的快递大多由哪几个公司配送，还有同学们都愿意花钱买泡泡玛特盲盒。根据这些信息，她建仓了相关公司的股票。对于这位家长的做法大家评判不一，但是，从实践“创造金钱”的角度来说，这个孩子已经进入可行性的尝试当中了。

普通家庭的孩子不见得都适合去学习投资股票，也不见得都适合以赚钱来驱动，该怎么做呢？

我推荐“目标倒推”的方法：以家庭目标为原点，拟定实现方法。这里要注意的是，对孩子的引导要落在金钱是用来实现梦想的，切忌不是把赚钱作为梦想。“创造金钱”的最终目的都是服务于人的，人应该做到“驾驭金钱”而不是被金钱控制。

以一个6岁即将进入小学的孩子为例，顺利的话，12年后他将步入大学（或者是进入某个领域）。

**第一，树立一个目标。**

在这个阶段，要满足孩子对知识信息视野不断扩大的好奇心，不论是学习形式还是教材或学校，让孩子追逐他的热爱，以上某所梦校为目标。

**第二，开设梦想专项账户。**

之所以称“账户”，是遵循存储的特点，围绕目标让孩子意识到，可以存的是什么，可以取的是什么。

我朋友的女儿特别喜欢做手工，随着年龄增大兴趣有增无减，还经常熬夜做。爸爸极力反对，认为这是浪费时间，并不能帮助学业进步。随着孩子想法的升级，校内课程基本支持不了，她不得不寻找其他资源，还经常软磨硬泡妈妈帮她下单买辅料，买国外的教程。妈妈一了解才发现价格挺贵的，但意外的是，从不舍得花钱的孩子准备启动自己的压岁钱来支付，并且态度坚决。

没想到，孩子手作的那些小玩意儿竟然很受同学和社区小朋友的喜欢，经常被别人买走，她的小账户早就赚回来了。而且更可喜的是，孩子最终考取了一家很有影响力的设计学院。

**第三，引入家庭游戏。**

当孩子年龄小时，适时地引入家庭游戏是个好选择。

在财商教育的普及中，大家都知道《穷爸爸富爸爸》的故事。但这个故事落实到孩子身上并不容易执行，包括升级版本，都是有一定难度的。而书中反复提及的大富翁游戏却很容易上手，执行性强，简单好玩。

尤其在饭后时段，多增加一种与财商相关的家庭游戏非常合适。模拟不同的情景，大家都能体验赚钱和破产，一方面增进孩子对金融专项词语的理解，另一方面可以从失败中去总结经验。

不论如何，游戏都是增加全家人情感的方式，何况还是一个适度烧脑的公平游戏。

**第四，定期梳理投入和产出，跟踪效果。**

还是上面的案例，虽然孩子没有得到爸爸的支持，但是妈妈从头到尾都在默默地支持着女儿。得到了支持，女儿分享给妈妈的也越来越多。

因为有了一些小收入，妈妈建议女儿定期梳理一下自己的投入和产出，不是计算赚了多少钱，而是看看等再次投入时，是不是能实现一个新的想法。妈妈甚至告诉她，为了赚钱而占用学习时间、熬夜并不值得，但如果是为了学新的手法，实现新的创意，就是值得的。

这位妈妈很有智慧，她知道孩子的热情可能会很短暂，所以，想用这样的梳理方式来让孩子不断回顾，回归初心，不被其他诱惑带偏了。当然，妈妈也在细心地观察着孩子，如果孩子真的对手工无比热爱，就算考不上大学，作为家长她也可以接受。只是，她在想该用什么样的方式继续支持孩子。

因为，不论什么时候，家长都是孩子的天使投资人。

在上述的过程中，建议家长将时间线拉长，可以将“信用”“风险”“稀缺”“投资”等主题词语融会贯通，让孩子在真实的目标下，活学活用它们。

04

## 为什么重点是引导孩子“驾驭金钱”？

不同年龄段的孩子，财商教育的目标不一样。这是一个循序渐进的过程，因而家长要抓住孩子的年龄特点，有的放矢。

**3~5 岁**

把财商课程融入幼儿园的游戏中，让小朋友在游戏中扮演角色，去购买甜品、水果等商品，感受用钱去交换商品。

**6~10 岁**

孩子上小学后，家长可以根据自己家庭的情况，针对性地给孩子一些零用钱，最基础的是要教孩子学会用钱的顺序。比如，钱不应该是优先用来买糖果和文具，而是应该先满足自己的温饱，有剩余才可以留作他用。这个阶段要培养孩子掌握花钱的优先级。

**10 岁以上**

对理财知识的灌输是日积月累的，要给孩子足够的时间去理解和消化，往往要两三年后，才会看到理财教育的效果。比如很多孩子会用节省的零花钱给父母买礼物，因为他们已经能意识到钱的用处，钱应该用在哪个方面，买什么才是最重要的。

不同年龄段的孩子对金钱的理解和使用是不同的，从中可以看到价值观和人格形成的过程。英国剑桥大学的一项研究报告发现，父母在子女用钱习惯、心智模式的养成方面扮演着最重要的角色，父母是最能教导子女的人。要建立良好的用钱习惯，最好能给孩子提供一些亲身体验的机会。

在这里，我想你也同样需要了解一些现状：

你我身边，经常会有盲盒自由和奥特曼卡自由的孩子。为了让孩子得到自己心仪的某款，家长会一掷千金全部购买。

2022 年疫情反复，上海某五星级酒店推出了包吃包住包专人陪护管孩子上网课的无忧服务。很多家长觉得不贵，服务太好了。看似无忧的网课解放了家长，但套牢了谁?

近年，不断出现明星偷税漏税事件，数额惊人。最多的评论是，不理解如此能赚钱的一群人为什么还要偷税漏税?

金钱既可以是温床，也可以是炼狱。

在今天的社会环境中，孩子想要的东西随手可得，也没有太多机会思考什么才是“必要”的。财商赋能的重点一定不是从小教孩子如何赚、如何“创造金钱”，而是助力他们拥有“驾驭金钱”的能力，成为具有完整人格的人。

我想起纪录片《真实生长》，记录了三名北京名校高中生的一段重要经历。其中一名考上北京大学的学霸，多年后再次出现在画面里，他对着镜子看着自己，说了一句：“这些年终于明白了自己不过是一个普通人。”

“活成一个普通人”，从家长想明白，到孩子自己想明白，其实正是养育一代人必然要经历的过程。这句话一度引起争议，“普通”到底意味着什么？从家长的角度来看，“普通”不是消极和失败，而是我们终究会发现，生活长河里的困难和挑战，身为普通人，必将经历。

谢谢你的耐心阅读，也谢谢你能一起思考如何养育下一代这个命题。

《穷爸爸富爸爸》一书中有一个观点：“今天的评价标准，不是学校谁的成绩好，而是离开学校后的成绩单。”作者是从创造财富的角度来说的。我想，从养育一个人的角度来说，孩子离开学校的成绩单，除了金钱，还有更多。财商赋能，不是从小开始教孩子赚多少钱，而是从金钱的维度，教会孩子如何拥有更多的选择。

回到我在本章开头的问题——你想过怎样的一生？

美国《时代周刊》的编辑海克·法勒写了一本同名绘本。因为受到家里有新生命诞生的启发，她采访了不同年龄、不同社会地位、不同国籍的人，从而集合写了 0~100 岁的故事。女儿第一次读后，便问了我很多问题：妈妈，你几岁开始喝咖啡的？你几岁开始谈恋爱的？你几岁实现梦想的？

而 40 多岁的我，时常会翻翻，在心里回放某一年，想一想这一年到底是如何度过的，它的味道又是什么样的。

我想，这不仅是生活教会我的，也是生活将教会给孩子们的。

你说呢？

# 后 记

我的母亲是一名小学语文老师，一直担任毕业班班主任直到退休。在我的记忆深处，关于母亲的很多片段都与教育相关。后来，我有了孩子，工作一直很忙碌，母亲便放下自己的生活来帮助我。在养育下一代这件事上，我和母亲成了盟友。与大多家庭不同的是，我和母亲会经常像同行一样讨论早期教育、幼小衔接、“双减”、低龄留学等社会话题，以及关于批判性思维、内驱力的专业问题。我们常常会因为着眼点不同而针尖对麦芒。当“老教育工作者”提醒我，教育不能理想化的时候，我这位业余后辈选手也会不留情地说，未来人才的目标或许早已经变了。

争论归争论，我们深知培养下一代人是复杂的。不论是教育者还是家长，都要面对教育目标、教育方法和教育格局一代一代的变化。在不断的迭代中，我们应该理性客观地批判和继承。幸运的是，我们两代人都在改变。

现在回过头来看，我非常感谢母亲，让我能够不断反思自省和自我校正，能够打起十二分的精神，避免陷入个人局限性的盲区里。尤其在写作的过程中，我会尽可能地呈现给读者较完整的思考路径，提供经得起推敲的信息内容。

历时一年半的写作、修改和审校，本书将要面市。我衷心地感谢儿童保健专家段建华医生、自然教育专家王西敏先生、C 计划思辨教育创始人蓝方女士、加州蒙特梭利连锁学校校长张晶春女士、医学博士边蕾女士等专家朋友接受我的采访，并贡献出珍贵的知识，拓展我的思想边界。

感谢张宇女士，郭思玉女士无私地提供资料帮助。感谢《父母世界》出版人史永强先生，给予我在儿童教育方向探究的引领，并且创造机会支持、帮助和鼓励我。同时，我特别感谢漓江出版社杨静女士的认可和全力支持，编辑培秋的悉心协助，才使得本书能够高品质地出版。最后，感谢我的父母，包容我或快意行走或停下脚步，让我无忧；感谢我的爱人，始终张开怀抱，予我自由；感谢我的女儿，激发我的灵感和使命，给予 40+ 的我新的张力。

段金希

于中国北京

2022 年 11 月 30 日

# 名家推荐

（排名不分先后）

## 自然教育专家　王西敏

（上海辰山植物园自然教育专家，译有《林间最后的小孩》）

我们其实不知道孩子长大以后将会面临什么样的生活，就如我们的父母当初无法预测我们现在的生活一样。因此，教会孩子面对未知生活的能力才是根本，而这也正是段金希这本《赋能孩子》所强调的。一个发展良好的孩子，背后肯定是幸福的家庭、稳定的社会，还有什么比这些更重要呢？培养好一个孩子，就是为社会创造价值。

## 语文老师　王荣

（上海娄山中学高级语文教师）

当下，许多家长时常被焦虑裹挟着，只见树木不见森林，对养育一个什么样的孩子缺乏深度的思考和整体的规划。在各种琐碎细节里，愈溯游从之，愈感道阻且长。

作为家长，我很庆幸打开这本书犹未晚也：为何要赋能孩子？如何赋能孩子？赋予孩子什么样的能力？金希这本书，不仅提供了方法论，更有着一位母亲的情真意切。金希用她敏锐的洞察力，深入问题本质，付诸细腻的文字，与读者切切而谈。家长在这样的切问近思中便被赋能了。而作为一名教育工作者，我庆幸有这样优秀的家长在协同家校共育——尊重孩子的独立人格，培养他们独立思考的能力。相信我们的孩子会拥有自己知行合一的人生。

## 美育专家　王琰

（美吉姆联合创始人）

教育是着眼于未来所需要做的现时决策。我们无数次看到，在一个支持性环境下成长，有着无限养分的孩子，最终会有怎样的“绽放”；也无数次看到，被家长打着成才的名义修剪翅膀的孩子会有怎样的“凋敝”，最后趋于平庸。教育应该是赋能，是培养孩子如何更好地具备 21 世纪所需要的核心竞争力。金希作为一名优秀的职业女性和教育工作者，从她多年的职场经验出发，作为一个 9 岁女孩的妈妈，从爱以及思考出发，围绕未来人才的培养趋势，诚恳地倡导父母们要做赋能型父母，阐释如何在“内卷”严重的当下做好基于未来的教育决策。

## 早教专家　赵战术

（微博母婴育儿主编，北京市婚姻家庭研究会理事，母婴行业咨询顾问）

对于孩子来说，成长就是由无数次独立面对真实状况，甚至是困境而达成的。作为在母婴育儿媒体工作 17 年的从业者，我深知父母的困惑和焦虑，尤其是在当下这个高速发展的时代。重塑养育观念，粉碎似是而非的养育误区，在自媒体时代尤为重要。金希用前瞻性的发展眼光，助力家长完成养育和教育的重任，帮助家长提育儿高认知——这是母婴媒体人的使命与担当。

## 心理学家　宋海荣

（美国俄克拉荷马大学心理系终身教授，美国心理学会会员，博士生导师）

“父母之爱子，则为之计深远。”——《战国策》

何为“计深远”？是极尽所能让孩子按照我们预想的模式去成长，并最终长成我们希望的样子吗？作为一个心理学工作者，我还未曾读过任何一篇专业文章或者一本书能证明这种可能性。那么面对充满了巨变和不确定性的未来，父母应该怎样“计深远”地去养育孩子，才能让孩子在属于他们的未来里成功地应对各种挑战呢？为孩子的成长赋能，这是金希老师的回答，也是我的回答。相信《赋能孩子》这本书，一定会让迷茫的家长有所收获！

## 体育专家　李红娟

（北京体育大学运动人体科学学院教授，北京大学儿少卫生与妇幼保健学博士）

看到金希老师的《赋能孩子》，十分欣喜，“赋能”这个关键词选择得太准确了！孩子的成长历程何尝不是身体心灵蓄能的过程呢？爱、营养、教育……家长们总是倾其所有护佑孩子健康成长。而早期参与运动的价值可能远远被低估。孩子们对世界的探索始于对自己身体的控制，早期运动正是赋能孩子控制身体的能力，随之而来的愉悦、自信、勇毅、合作、尊重、锲而不舍……无不是运动对孩子心灵的赋能。享受乐趣、增强体质、锤炼意志、健全人格，一个身心充满能量的孩子，便有了面对纷繁复杂世界里各种挑战的铠甲。感谢金希老师，将运动的价值传递给家长，为家长赋能。

## 管理者　史永强

（凌亚世纪传媒 CEO，《父母世界》出版人）

从女性到育儿媒体主编，从时尚视角到教育视角，金希通过身份和视角的转变，提出了“赋能孩子”这个独特的观点。

其实大部分家长都认同教育投资是最划算的投资之一，因为教育是一切认知的基础。但是很多家长的困惑在于，不知道该如何投资，以及是否值得投资？

我一直坚持教育投资是面向未来的投资，是寻找到适合孩子未来发展方向的投资。既不是揠苗助长，违背孩子特长的重肥灌溉，也不是顺其自然的所谓放任成长。

所以，金希提出的“赋能孩子”是我所认同的，期待本书能够让更多家长有所启迪。

## 儿科医学博士　杨明

（和睦家医疗北京区儿科主任）

从降生世间到独立面对社会，孩子的成长是一个自身“能量”从无到有再到强的积聚过程。金希老师作为《父母世界》的资深主编和陪伴可爱女儿快乐成长的母亲，长期关注和实践东西方育儿理念变化、亲子关系维护技巧、儿童健康身心养成观念。这次提出“赋能孩子”的概念和理论，正是多年知识浸染、独立思考和躬身实践的成果，从父母“赋能”这一新颖角度提供了一个育儿锦囊。相信对于尚不具备开放视野，纠结于“管”还是“放”，渴望亲子互相“赋能”也“赋情”的家长，本书会带来莫大的启发。

## 媒体总编辑　冯楚轩

（栩栩华生媒体集团创始人，*The New York Times for Kids* 中国版总编辑）

人生不是从一个点到另一个点的线性推进。

社会不是从一个圈层到另一个圈层的垂直升降。

世界也不是从黑到白或从白到黑的具体切割。

在这个拥有深深浅浅不同灰度的复杂世界中，两点之间最短的距离未必是直线。父母教育儿女时简单直接的“为你好”，或许能教出循规蹈矩的乖小孩，可这个“乖”也许只是敬畏恐惧与爱恨交织的产物，并不意味着孩子将来独自面对世界时，就能有足够的勇气和底气。

和金希一样，我也是媒体人，从媒体人的角度出发，我很能理解金希创作《赋能孩子》这本书的初衷——

为人父母后，总想为孩子们做点什么。

金希用她媒体人敏锐的洞察力，将个人的养育经验和对社会的观察理解融为一体，从赋能这个视角，为父母提出了养育孩子的新思路。这是金希个人的修行，也是天下父母都必做的功课。

父母养育孩子时的焦虑，或始于对过去的遗憾，或源于对未来的不确定。当养育变成日复一日的例行工作，父母更容易纠结于细枝末节，以为只要把握了孩子当下的每一个习惯、每一次练习、每一场测试，就可以培养出一个令自己引以为傲的孩子。但到了最后，父母往往会在这种执着中陷入细节的迷宫而失去方向，忘记孩子是独立的个体。如果你也有类似的困扰，那么正好可以看一看这本《赋能孩子》。被赋能后的孩子，会在成长中自带幸运光环——终生学习能力、社会交往能力和好奇心。而能为孩子赋能的，则是包容而充满智慧的父母。我想智慧不是一个恭维的词。“世事洞明皆学问，人情练达即文章。”或许急速变化的世界会为父母带来一些闻所未闻的挑战，但当父母拥有赋能孩子的智慧后，便有了面对未来的笃定，有了与孩子共同成长的心性。

约翰·洛克曾提出“白板说”，他认为人心如同一块白板，理性与知识都从经验而来。为人父母同样是一种经验，这种经验不仅包括对孩子的教诲，也包括在养育孩子时孩子对父母的启发。从这个角度来看，养育不仅是赋能孩子，同样也是在为父母赋能。在这种正向循环中，父母生命的维度同样得到了丰富和拓展。

《孩子玩手机，家长怎么办》

朱煦 / 著

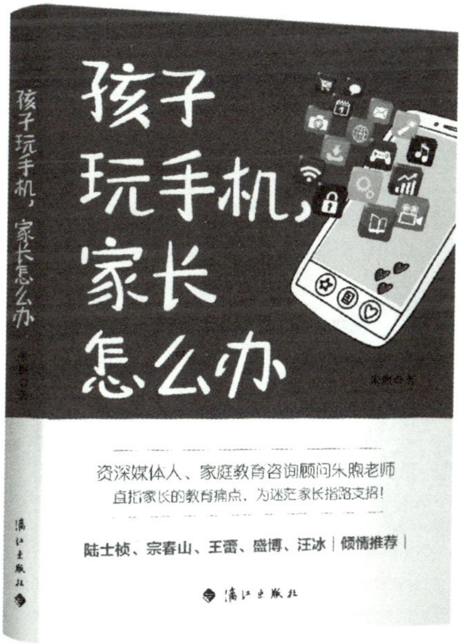


10余年家庭教育咨询经验，几千个真实案例，79篇精心书写的千字文

资深媒体人、家庭教育咨询顾问**朱煦**老师力作

直指家长的教育痛点，为迷茫家长指路支招！